新雅教育系列

十個小孩的老師

——與**非華語學生**的共融校園生活

杜穎琴　著

U0111233

新雅文化事業有限公司
www.sunya.com.hk

推薦序 ✽

　　讓非華語學生掌握學習中國語文的能力的道途荊棘叢生，杜穎琴老師不畏種種未知的困難，懷着滿腔熱情投身這教學事業，實屬難得可貴。短短兩年光陰，杜老師對教授巴基斯坦學生學習中文已甚有心得，我們從她的個人經驗出發，在其飽蘸情感的筆尖下，一同看着她「十個小孩」的成長，讀着讀着也隨之感動不已。

　　十個小孩語文程度各異，杜老師在書中娓娓道出兩年來她是如何因應小孩的能力，為每位小孩設計高效有趣的教學任務，全面提升他們聽、說、讀、寫的表現。杜老師在教學實踐中累積了大量成功經驗，這些經驗讓讀者切實理解以中文作為第二學習語言的學生，在學習中文時遇上的困難，如書中第 1 章 1.5〈聽說的考驗〉所述，非華語學生會受識字量所限，難以理解中文指示，因此只能依靠一些句內認識的單字去揣測整句句子的意思；另外一些章節亦提到，非華語學生除了會犯語序顛倒的語病，亦難以辨清廣東話聲調的差異。杜老師因應小孩們的學習難點，採用多種適合學生需要的學習模式，細心為他們設計探索學習活動、具有繪畫元素的學習任務等，使小孩樂於學習中文，語文水平進步明顯，經驗值得借鑒。我們喜見十位非華語學生逐步跟上杜老師的教學節奏，在愉快的學習環境下全面提升閱讀以及寫作的能力。

讀過這本書，我們得以衝破迷惘，在多元文化語境中，為非華語學生設計適切的課堂活動，並採納有效的課堂管理方案。教學以外，作者以平易近人的筆觸，生動傳神地記下種種與十個小孩相處的生活瑣事，淡中有味，妙趣橫生，對小孩關愛之情溢於言表。從圖書館罰款、手搖鉛筆刨等校園生活事件，我們深切感受到與非華語學生的文化差異，這些教學路上的點點滴滴，提醒我們要更主動與學生溝通，跨越雙方的語言障礙，為他們締造一個融洽有序的學習環境。謹此祝願非華語學生能與其他本地學生同樣學好中文，將來盡展所長。

香港大學教育學院中文教育研究中心

謝錫金教授

二零一九年五月

自序 ✿

　　二零一六年，是我人生面對最大挑戰和變化的一年。這年，我擔任出版社的編輯，因為出版社策劃製作一系列適合非華語學童學習中文的教材及工具，所以我開始研究非華語學生學習中文的難點，這引領我進入教育的新領域。

　　因緣際會下，我由幕後走到前線。二零一六年十一月初，我加入了小學教師的行列，成為非華語學生的統籌老師，展開了既難忘又特別的教學生活。我任教的小學位於葵青區，因為學校首年接收合共十名的非華語學生，所以獲得政府額外撥款八十萬支援非華語學生的中文學與教，於是我才有機會當上十個巴基斯坦小孩的老師。因為是第一年，所以不論是校方還是我也是摸着石頭過河，幸好教育局有派人前來指導，讓我不致於驚慌失措。

　　由於我是學校專責支援非華語學生的教師，因此除了一般教學工作外，我還要同時兼顧各項行政及製作教材的工作。我的工作主要有兩個目標，一是改善非華語學生的中文學與教；二是建立共融校園。

　　不論是非華語學生還是我，在這學校都不是大眾的一員，或許會覺得自己格格不入，在適應的過程當中，肯定帶着不安與孤獨。但作為小眾，我知道我應該要對我們特別的身分加倍欣賞和認同。世界本身就有着各個種族的人，而學校是社會的縮影，能夠有緣遇到這間學校和這班學生，大家一同譜寫一段又一段有趣、難忘和感動的故事和片段，我的內心萬分感恩。

離開學校，告別一班非華語學生後，我在日本展開了新生活，可是內心一直洶湧着用文字記下這段校園回憶的構想，執筆一揮，發現題材源源不絕，於是寫下了這本回憶之書。這本書有幸出版成實體書，乃達成了本人希望出書的心願。在此首要鳴謝新雅文化事業有限公司的賞識，賜予作品出版面世的機會，更要感激香港大學教育學院中文教育研究中心謝錫金教授撥冗為本書撰寫推薦序。其次我要感謝我的父母和家人給予我自由創作的空間。另外，我要感謝在我文學道路上支持過我的良師和好友，是你們給予我創作的信心。我還要感謝學校的配合、校長的領導統籌、支援組及中文科主任的細心提點以及教學助理無私的付出，還有為本書撰寫後記的施楚琪老師，全力支持是次出版。最後，我很想鳴謝一班非華語學生，是你們的熱情讓我感受到跨國籍的師生間的情誼，還有一班非華語家長，不論在照片授權或語言行動上都鼎力支持，令我感動不已。

這本書特別適合有意任教非華語學生的教師及一班非華語學生閱讀，也適合一般讀者去閱讀，因為透過一班非華語小學生的故事，你可以從新的角度審視和了解一個近在眼前的民族。

杜穎琴

資料補充：

在二零一四年的《施政報告》，政府已宣布加強支援非華語學生的中文學與教，措施包括為學校提供「中國語文課程第二語言學習架構」，建議學校進行小步子教學；為取錄十名或以上非華語學生的公營學校及提供本地課程的直資學校給予額外撥款等。

目錄

第1章　跨文化教學經驗分享

第 2 章 從學生身上學習巴基斯坦文化

第1章 跨文化教學經驗分享

「從實踐中累積經驗，因材施教，促使進步，提升孩子的自信及中文能力。」

十個小孩
初登場

由於教育局建議學校使用「中國語文校內評估工具」來評估非華語學生的中文水平，以便作出分析、記錄及優化教學之用，因此我初到貴境就立即跟十個學生單獨見面，為他們進行閱讀及寫作評估。

二零一六年，我校的非華語學生全數都是巴基斯坦籍，共有三男七女，他們十個分布在不同的年級，不同的班別。一年級有三個、二年級有三個、三年級有一個、四年級有兩個及五年級有一個。其中一半人有中文名，十分地道。

上班的第一天，我戰戰兢兢地踏進校門。一班非華語學生首次見我，大概也是抱着同樣的心情。大家可試試從學生的角度出發：一個陌生的老師突然在課室外出現，說要帶自己進行評估，然後只有自己對着老師，還需要回答她無數的問題，心情一定相當緊張。除了評估外，我也會簡單了解他們學習中文的困難、家庭狀況、父母的中文程度等。透過對話，我對他們每一個都有了初步的了解和印象。

他們的樣貌精伶可愛，輪廓比中國人分明，大多十分乖巧，亦相當願意分享，廣東話的會話程度也不錯，只有其中一兩個較害羞，不太敢說話。可是，其中一個高年級的男生在寫作評估時多番逃避，不只胡亂走動，還跳上桌子，最後更把橡皮放進口裏咀嚼。

老實說，他一切的舉動是我意料之外的，我唯有用中英混雜的說話方式跟他說：「這是交給 Government 的試卷，零分你也沒所謂嗎？ Really ？」他稍有一刻動搖，最後仍

然沒有揮下一筆,所以我只能給予零分。這「0」分的紅筆痕跡除了提醒我這個學生不易應付外,還提醒了自己的存在價值 ——多多少少希望自己能減低他們對中文的恐懼。

整理好評估結果後,我主動跟學生支援組主任分享。評估成績都是大家預計之內的,大部分學生在寫作方面較弱,未能寫出通順完整的句子。至於閱讀方面,部分學生表現不錯,但低年級學生的理解和審題能力明顯較差。至於那個零分的小伙子,原來一直是學校的頭號人物,不論是老師、書記,甚至校工,只要提起他,無不感到頭痛。看來以後的日子,這個小伙子會使出真威力,為大家平淡的學校生活增添不少色彩呢!

1.2

一對一的
因材施教

經過評估後，發現我校巴基斯坦學生的中文水平差異很大，簡而言之是大部分人仍需努力。其中一名二年級學生的成績及學習表現較為落後，廣東話溝通也未能達標，所以學校決定在中文課時讓她一人獨立成班，由我進行抽離教學。

對於一間正規學校來說，能以一比一的師生比例去進行學與教相信是絕無僅有的，一人成班的確是大膽的嘗試。想不到身處現今時代，還真能發揮萬世師表孔子「有教無類」的精神，我相信透過因材施教，定能讓她有所進步。

這是我為她進行一對一教學的學生。

首次看她寫字，居然是速度驚人，可是文字有點像圖畫，莫講正確筆順，字型也不合格。例如所有包含「日」、「目」字部件的字，她都是一筆寫完外面的框框，字變成橢圓形，像一個麵包。我每次見到，也要提醒她：「我不要麵包。」她聽到往往哈哈大笑，然後用橡皮擦掉改好，只可惜她的自覺性不足，經常要我左右提醒。另外，她經常忘東忘西，不知功課或課本放在哪裏，但每每我都能在其亂七八糟的書包裏找到。

由於課程不會作出改變，唯一能改變的是教學方法。每一篇課文，要由小步子開始，先播放動畫，然後逐字逐句去講解，有時要動用英文及身體語言，稍難的詞彙則要預先準備好圖片作解釋，再讓她讀一次和寫一次，完成課文後有時會一起做短劇加深記憶。因此，每教一篇課文，動輒也需要三至四個課節，有時更需要動用小息時間。詞語功課方面，絕不能只提供詞語字頭讓學生抄寫，而需要提供有顯示逐筆逐畫的筆順教材，這樣才能讓她學習如何正確寫出一個字。

在教學過程中，最困難的是令她保持專注，因為她的專注力大約只能維持十分鐘，所以我要使盡渾身解數去吸引其注意，發現罵和罰不管用，還是獎勵最實際。幸好她有耐性去嘗試，又不會胡亂發脾氣，也幾乎從不欠交功課，因此往往能完成目標，獲得獎品。

　　慢慢地，雙方都掌握和習慣了上課模式，下課時她會常常跟我分享生活趣事，每次她都盡力表達，雖然我經常要化身推理家，猜測上文下理，但不知不覺，我和她變得亦師亦友。

　　有一次，校務處的書記向我稱讚她的會話有明顯進步，至少能表達自己的需要，我感到很安慰，因為這種進步不是由試卷的分數所能定斷，而是切切實實由一個人去感受到。那一刻，我知道只要找到適合的教學方法，所有孩子都能進步。

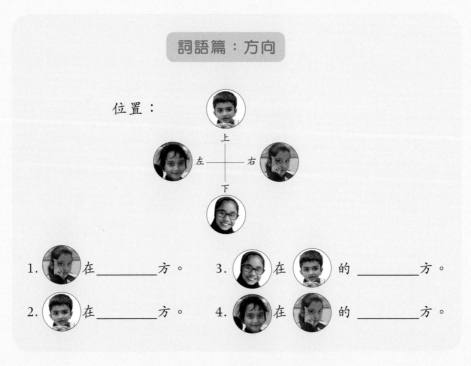

工作紙中加入學生的樣貌教授方向詞，有助增加他們的投入感及親切感。

特別的
課後活動

　　一、二年級的巴基斯坦學生每天放學後，都要集合到特定課室進行特別的課後活動 ——「課後中文及功課輔導班」（下稱課後中文及功輔班）。這個課後班分上下半場，上半場是中文學習環節，下半場則是功課輔導環節。

　　第一天在課後班見面，我在黑板寫上「學好中文，交齊功課」八字，語重心長地帶出這個課後班的目的。「學好中文」相信不用多作解釋，「交齊功課」是我對他們的期望，因為知道他們欠交功課情況嚴重，我明白不是因為他們懶惰，而是因為他們缺乏支援。

　　其實，現今不少小學都有推行「交齊功課獎勵計劃」，例如我校會由社工定期舉行「交齊功課大抽獎」。學生在一段期間交齊功課能獲發抽獎券，填畢後放進抽獎箱。大抽獎於大息時間進行，由校長親自頒發豐富的獎品，實在吸引。

當年的我完全沒享受過如此吸引的福利，關愛校園政策真是一大進步。

有見及此，我為他們製作了「交齊功課獎勵表」，每天課後檢查手冊，當日交齊功課的，會獲一個印仔，一星期五天都交齊的話，可獲一份小禮份，大多是食物或文具。起初，獲獎的學生不多，他們慢慢改善，到自己獲獎一刻都很高興，也驅使他們努力保持佳績。

上半場是中文班時段，所有教材需要由教師製作，我由淺入深去教授，筆畫、筆順、字型結構、部首等基礎知識必不可少，然後再教不同的詞性、同音字等。課堂以輕鬆形式進行，他們十分喜歡製作小書，例如他們做過一本名為「我最喜歡的東西」的小書，內頁圖文並茂：先找不同顏色的物件圖，最好包括七色及黑白灰等常用色系，然後去填充句子。其中一名學生創作了一句短句：「我最喜歡藍藍的天空。」他更用了顏色筆去畫出相關圖畫，精巧美觀。最後他們需要

 學生的畫作很不錯。

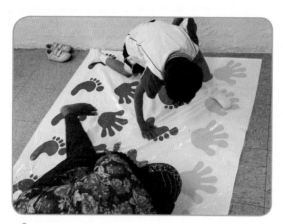

 學生全力以赴參與語文遊戲，玩得不亦樂乎。

拿着麥克風向觀眾作匯報。活動結束，他們每一個都樂在其中。其實這個小創作已經融入了「讀寫聽說」的元素，簡單又實用。

下半場是功輔班時段，可以用「上戰場」去形容。六個學生，一名教師，往往要「以一敵百」，因為他們對有中文的題目大多不明白，有些學生連英文也不能理解。於是，老師就要滿場飛，這個學生舉手，我會以最快速度讀題目和解答問題，那個學生舉手，又要飛奔去解答其問題，加上那個中文水平較弱的二年級女生差不多完全不會做功課，所以我每天都要嚴陣以待。幸好偶爾教學助理會前來相助，我才可更專注地去解答問題。

每天四時四十五分正式放學，可是往往不知不覺就拖到五時才放行。因為他們有些還想發問，收拾書包又耗時，所以大家到放學才真正可以休息一會，吃吃點心。這個每天都要進行的課後活動雖然疲累，卻是意義重大的，因為跟所有課後活動一樣，只要多練習，就能熟能生巧，相信學生的中文也會漸漸有所進步。

1.4

讀寫的
難關

　　中文對非華語學生來說是第二語言，但卻一直要跟隨主流學生當作母語來學習，實在是越級挑戰。幸好教育局引入了「第二語言學習架構」，教師算是有一個大方向可跟從，利用小步子去教授中文。近一兩年，教育局更開始製作供非華語小學生使用的教科書和作業，可見政府投放在他們身上的資源有增無減。

　　實際上，非華語學生在中文學習上會遇到什麼難點呢？我將會以我校的巴基斯坦學生為例，先就讀寫兩個範疇作出分析。

　　首先，在閱讀方面，他們遇到的最大困難是閱讀理解，本身認識的詞彙不多，還要閱讀一篇全新的文章，內容或許還包含中國文化的元素，以他們的能力實在難以應付。我校不少一年級的學生連題目也讀不通，在填充題中胡亂填一些

單字或三個字作答案，可見他們對「詞語」的理解不足。如果這些問題沒得到改善，累積到高年級只會越來越嚴重，因為隨着文章字數增加和題目加深，他們只會更加束手無策。

因此在初小時，最好為他們解題，分析題目類型，然後逐字逐句去解釋文章內容，更重要的是一同朗讀文章，鞏固所學。在第二年，我決定外聘導師去開設高年級閱讀理解班，每星期設一節課，結果，在總結性評估時，所有學生的閱讀理解均有所進步。由此可見，多投放資源扶他們一把，進步是顯然易見的。

另外，「伴讀計劃」也是增強閱讀能力的好方法。透過由華語學生充當「小老師」，陪伴非華語學生閱讀繪本、有聲圖書等，能增強他們的閱讀興趣、增加他們接觸文字的機會，也能為推動共融校園出一分力。我校的一個巴基斯坦女生曾經在

「小老師」的陪伴加上用點讀筆閱讀有聲圖書，有助培養非華語學生的閱讀興趣。

學習完〈守株待兔〉的課文後，主動到圖書館借閱了相關圖書，而另一名喜歡閱讀小說的巴基斯坦女生，中文成績理想，可見培養閱讀興趣尤其重要。

至於寫作方面，他們往往對作文產生恐懼，自信不足，這是可以理解的。由零開始去創作，談何容易呢？在初小階段，建議跟他們仔細講解題型，例如逐一講解「重組句子」、「擴張句子」、「供詞造句」是什麼，然後教他們一些做題目的小技巧，例如做重組句子時可在詞語選項上寫上數字，做擴張句子時可以利用箭嘴做記號等。

由句子創作過渡至段落寫作時，我會利用參考句和範文去輔助他們。我發現他們另一困難是不懂如何將詞語串聯成句，建議大家可在句子結構入手，鞏固他們對基礎句式結構的知識。

最後，我們要鼓勵他們多寫，並營造有趣的學習模式，看到他們進步定要嘉許，取得合格要加以獎勵，貼堂及堂上分析是不錯的做法。第二年我任教「中文加強輔導班」（下稱中文加輔班）時，一名二年級巴基斯坦學生在寫作卷取得八十三分，這個驚喜對他對我來説猶如一支強心針，推動我們往後繼續努力。

展示優秀的作品，有助推動學生加倍努力。

經驗分享

本校設有「伴讀計劃」，其目的為：

1. 以一對一方式，由華語學生充當小老師協助非華語學生溫習默書，增強他們認字和默字的能力。

2. 以一對一方式，透過圖書伴讀，增強非華語學生的閱讀興趣及能力。

3. 培養小老師的責任感及鞏固他們的學習基礎。

4. 營造共融的校園文化。

我在指導學生實踐「伴讀計劃」時累積了一些經驗，設計了用於「伴讀計劃」的默寫紙。內容請參考附錄一。

1.5

聽說的
考驗

前篇文章分析了非華語學生在閱讀及寫作方面的難點，本篇將談及他們在聆聽及說話的表現。相對讀和寫，他們在聽和說的成績比較理想，因為他們平日透過耳朵來接受信息及學習，說話則是他們生活在香港必不可少的技能。可是，在這兩方面，他們仍然面對不少考驗。

在聆聽方面，我發現一年級的非華語學生真的較弱，他們有時連老師的話都不明白，很多時只是一知半解。記得有一次我去找一個小一的巴基斯坦男生，順道問他：「你寫好了手冊沒有？」結果，他二話不說就衝

這個一臉醒目的小班長，是在我任教的第二年學校新收的小一巴基斯坦學生。

出座位擦起黑板來，有點嚇倒我呢！大概他聽到「冊」字，以為我叫他幫忙擦黑板，很明顯他是依靠一些單字去猜度句子的意思。幸好後來他當選了班長，在持久的訓練下，有了三百六十度的改變，變得相當醒目。

他們在聆聽考試時，或會因為欠缺自信而不專心去做。建議平日可以用較簡單的練習或圖片題與他們作訓練。另外，培養他們畫下重點、做筆記和活用刪除法的習慣也相當重要，因為這些都是應試的必要技巧。

在説話方面，他們的表現是最理想的。即使是由我一對一任教的女生也多次取得合格的成績，有些學生的廣東話更十分標準，假如你不看着他們，你會以為是香港本地生在説話，真厲害！其中一點我十分欣賞他們，就是他們會非常盡力去嘗試，不論是課堂還是考試，他們都全力以赴。

非常欣賞學生們勇於嘗試的精神！

　　經過兩年的觀察，我發覺他們有些人會犯語序顛倒的毛病，例如把「我吃飯」，說成「我飯吃了」。有些對廣東話的聲調未能完全掌握，例如把寫「信」讀作寫「送」，有些對詞彙認識不足，例如把「鞋帶」說成鞋的繩子。每次發現時，我定必糾正其錯誤，讓他們注意。

　　另外，由二零一八年開始，教育局推行新的 BCA 模式（全稱 Basic Competency Assessments，即「基本能力評估」），即使學校沒有選擇全級學生應試，但如果學校只有少數非華語學生的話，也會全數被抽出來進行評估，以收集足夠的數據進行分析。因此，我們可以特別為小三的非華語學生加強說話訓練，包括看圖說故事及小組交談兩部分。

　　最後，在此強調以上對非華語學生讀寫聽說的看法和心得是我個人觀點，未必能代表所有巴基斯坦學生的能力及水平，但可作參考之用。

經驗
分享

以貼近學生日常生活的內容或主題作說話訓練，增強語境，學以致用，效果不錯。「說話訓練」工作紙請參考附錄二。

默書
小戰場

　　作為小學生，默書可說是例行公事，差不多每隔兩周就會進行一次。但對巴基斯坦學生來說，中文默書並不是簡單的任務，而是一場戰鬥。

　　起初我查看他們的默書成績，發現大部分學生都不合格，我覺得這樣會減低他們學習中文的信心和動機，決心要改變這個生態。我希望他們能在默書中取得合格或好成績，從而建立一種成功感。

　　我們利用撥款購入了一批點讀筆，在每次默書前會為他們準備溫習紙及點讀筆記。具體來說，我們會將每次的默書範圍進行錄音，包括詞語、課文、常見錯別字等部分，然後把錄音貼紙逐一貼在溫習紙上，方便學生聆聽讀音及在溫習紙的空白位置進行溫習。

　　由於點讀筆樣子可愛，功能新穎，一班巴基斯坦學生都對它愛不釋手，常利用它來溫習默書。我會安排他們每天的溫習範圍，隔天檢查他們有沒有在溫習紙上進行溫習，監察其溫習進度。學生試用了一兩次後，成績有明顯的進步，由不合格到拿到大約七十至八十分。他們在課後中文及功輔班爭相向我報告成績，面上露出滿足的笑容，我也隨即鼓勵和獎勵有進步的學生。

　　其後，他們陸續有人取得一百分的成績，未能拿到的學生其實是失落的，但這種不甘能轉化為繼續努力的動力。其中兩個初小的女生經常暗自比較，自己取得較差的成績時甚至會哭。雖然默書彷彿成了一個小戰場，但是我相信這不是一種惡性競爭，而是一個邁向成功的必經過程。後來，他們差不多每一個都拿到過一百分的佳績，明白到一分耕耘，一分收穫的道理，一嘗成功的滋味。

　　他們當中最令我驚訝的是那個由我一對一任教

喜見每個學生都在進步。

的小二女生，每次默書，她都花盡心思去溫習，雖然大多是死記硬背，但幾乎每次都拿得八十分以上甚至一百分的成績。每次默書她都加倍認真，如臨大敵，把每一個字都寫得清晰秀麗，而且會多番檢查。她這種永不放棄的精神實在值得學習，她會把能力所及的事情做到最好，真希望她能一直保持這種堅毅認真的學習態度。

第二年，我任教中文加輔班，學校推行了默書調適，例如提供填充默書紙、減少詞語數量和課文內容等，這些措施均能減輕他們對默書的恐懼。另外，我增設了「默書龍虎榜」，分為一百分獎、九十分獎及進步獎三項，他們根據個人表現在龍虎榜上貼貼紙，還會獲得禮物。因為他們都希望能榜上有貼紙，所以都份外努力。我還會把默書一百分的學生的默書貼堂，讓他們自豪一番。

其實，我感到最安慰的不是他們分數上的提升，而是他們對詞語的理解和認識加深了。因為他們有認真溫習，對課文詞語有一定的掌握，所以在評估的填充題甚至在作文上都有進步，這是可喜的。小步子教學，其實也能透過默書調適實現出來。

1.7

三個
小藝術家

　　每個學生都有各自的強項和優點，老師的責任是去發掘其長處並給予機會加以發揮。由第一年任教課後中文及功輔班，我已經發現三個一年級的巴基斯坦學生極具繪畫天分。

　　有時候，作業題目要求用畫圖畫的方式作答，他們三個都會花盡心思，還會塗上色彩繽紛的顏色，教人賞心悅目。

三個小藝術家

有時候，他們完成了功課及溫習，我會派給他們一些填色紙，讓他們填填色，放鬆心情，減壓一下。

在教學過程裏，我有時特別為他們加入富有繪畫元素的任務，例如設計小書、繪本等，這些看似困難的功課其實沒想像般複雜。

這三個小藝術家升上二年級後，就讀由我任教的中文加輔班，班內還有幾個本地學生。我想在此分享一下教授他們完成繪本的經驗。我會先介紹以前同學的佳作，並傳閱給他們看，再逐步去引導他們完成。由填頁數開始、到封面設計、內容撰寫以至繪畫內容，老師都要進行指導，協助他們完成。

我的＿＿我的姐姐很漂亮。

💙 一年級學生的作品，表現出眼中可愛的姐姐。

　　由於本身對此功課甚具興趣，所以他們都全力以赴，完成後滿有成功感。當然未必每個學生創作的故事都精彩，但我會以內容及繪畫兩個角度去分析及評分，除了內容優勝的作品外，封面設計及插畫優美的作品也會貼堂。學生們看見自己的作品被貼堂，都綻放出自信的笑容。

💙 繪本作品的封面相當精美。

　　另外，我安排了在功課中加入開放思考題，例如改編故事結局或續寫結局，學生可以透過圖畫去交代結局，文字部分可以減少，這樣能提高他們對學習中文的興趣，讓他們充分發揮創意，不受任何文字語言所局限。

　　由於學期末的課堂相對輕鬆，因此我提議中文加輔班的學生在課堂上設計一張父親節卡，待父親節送給爸爸。由於二年級學生已學過賀卡的格式和內容，所以這個活動能學以致用，又能夠孝順父親，可謂一舉兩得。

　　結果，那三個小藝術家的作品設計得精美細緻，所以冠、亞、季軍非他們莫屬。班中一個本地學生悄悄告訴我，後來他和姊姊回家後再多製作了一張父親節卡送給爸爸，我聽到後深感安慰，這些有趣的小創作原來可以激發孩子的自主能力，創造無限可能性。

　　我把那三個小藝術家的佳作收集在文件夾裏，將來可供別人或其他巴基斯坦學生作展示。他們筆下都是充滿生命力的作品，希望他們能一直發揮藝術天分，創作更多精彩的小作品。

1.8

回鄉探親

　　不論是本地學生還是非華語學生，都有機會回鄉探親。提到本地學生回鄉，大多都是中國大陸，大部分更加是鄰近的廣東省，即使請假，也只是一兩天的事。

　　可是，一旦非華語學生要回鄉，至少待一兩個星期，以我校的巴基斯坦學生為例，他們平均回鄉時間大約為一個月。由於香港目前沒有直航

💙 巴基斯坦學生與家人的合照。

航班前往巴基斯坦，因此必須轉機，動輒十多小時才能抵達。大部分人的家鄉位處鄉郊，還要配合當地交通才能到達，回鄉一次絕不簡單。加上，巴基斯坦人舉家回鄉一次，機票所費不菲，所以都會選擇逗留較長時間。

作為非華語學生的統籌老師，必須提醒學生及家長避免在正常上課日子回鄉，因為這樣會嚴重影響學習進度及出勤記錄。幸好我校大部分學生都是選擇完成學期末的總結性評估後才回鄉，盡量不妨礙學業。可是，如果學生有急事要臨時回鄉，我們必須做好協調工作，儘快通知各科任老師及校務處書記。我校的一名非華語女生因為祖母患上重病，突然要回巴基斯坦，結果缺席差不多一個月。期間，她因為欠交通告及圖書罰款，造成了不少行政麻煩。

由於巴基斯坦夏季氣候相當炎熱，紫外線指數極高，溫度有時高達攝氏五十度，所以他們每次回鄉

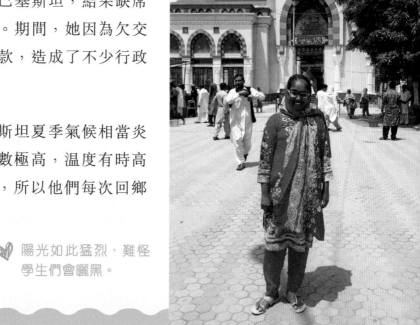

陽光如此猛烈，難怪學生們會曬黑。

返港都會變成一塊「黑炭」，有的甚至有明顯曬傷的痕跡。我的形容並沒有誇張，相信他們在故鄉每天在外奔跑玩耍，沒有做足防曬措施。每次看到他們變成「黑炭」，我都不忘提醒他們要塗太陽油或蘆薈舒緩啫喱，減輕紫外線對皮膚的傷害。

其實，學校每年需在教育局提供的「改善非華語學生的中文學與教學校報告」中填寫及報告非華語學生的出席狀況，其中選項包括大致理想、偶有缺席及經常缺席。學校還要報告有多少名學生連續缺課七個上課日或以上，並需填寫缺席原因。

說到底，大家都希望政府所增撥的資源能發揮最大效用去幫助非華語學生學習中文，因此出席率是重要的參考數據。我們要向非華語學生灌輸準時上學、不缺課等美德，如學生缺席情況較為嚴重，也需要作出警告和訓示。

齊齊
逛年宵

　　身為非華語學生的統籌老師，除了要改善中文的學與教之外，還要積極推動共融文化，所以我為他們安排了逛年宵活動，讓他們接觸及認識中華文化。

　　我校位於葵青區，鄰近葵涌運動場，所以我決定帶他們到此一遊。在活動進行前，我先為他們製作好工作紙，上一課中國文化堂。工作紙簡單介紹香港的年宵市場、賀年植物、賀年食品等。最後我還準備了一些賀年食品讓他們試食，包括笑口棗、油角、瓜子、糖蓮子等，他們吃完後要進行投票，選出最喜愛的一款，結果是笑口棗勝出，小朋友果然最喜歡香脆的食物。

　　活動當天，由三位老師帶領十個巴基斯坦學生徒步前往葵涌年宵市場。到達後，我們先拍大合照，然後分成兩組，

由老師帶領及作介紹。他們大部分也是第一次逛年宵市場，表現得十分興奮雀躍，女孩子被五彩繽紛的年花深深吸引着，男孩子則對玩具攤檔大感興趣。我決定贊助他們每人十元，讓他們購買喜歡的東西。

❤ 學生們流露出對逛年宵市場的期待。

想不到這個小活動如此有趣，透過觀察整個過程，我可以看出他們不同的性格。有的比較心急，不夠十分鐘就花光十元；有的猶豫不決，到最後一刻才決定買什麼；有的相當精明，用十元買了三樣東西；有的不易滿足，要求我再給他

十元；有的較為務實，用十元買了特價玩具車。總之，他們各自都買到心頭好，有氣球、年花、玩具、風車等，滿載而歸。

期間，他們發現了相熟中心的攤位，立即跟職員聊起天來，我感覺到他們之間是相當熟悉的，表現親切自然，相信學生們平日都經常去該中心玩耍。那一刻，我看見了他們在學校以外活潑的一面。

最後，一位帶隊老師買來十串冰糖葫蘆，送給他們吃。他們吃完一口後，反應極端，有的極度喜歡，有的十分抗拒，營造出一個有趣畫面。剛好，不喜歡的學生可以把冰糖葫蘆送給喜歡吃的同學，不會浪費。

大家都玩得不亦樂乎。

　　這是一次成功而難忘的活動，不用租旅遊巴，不用計劃行程，卻能使學生感受到濃厚的農曆新年氣氛。第二年我也繼續舉辦，可惜活動因流感肆虐，教育局宣布提早放農曆新年假而被逼取消，為此學生跟老師們也大感失落。不過，我相信他們一日未畢業，就還有很多參與的機會。

經驗
分享

伊斯蘭教是禁止教徒吃豬肉的，逛年宵活動前，要提醒穆斯林學生不要購買魚蛋、燒賣等含豬油的小吃。

第2章 從學生身上學習巴基斯坦文化

世界看似很大，其實可以是近在咫尺。從一個個小孩子的生活裏，我漸漸體驗到巴基斯坦文化的神秘獨特及豐富多彩。

2.1

巴基斯坦人
在香港

　　根據二零一六年中期人口統計結果，香港約有 584,383 人報稱為非華裔人士，約佔人口的 8%。其中，巴基斯坦人有 18,094 人，而印度人有 36,462 人，比巴基斯坦人多一倍，尼泊爾人則有 25,472 人，比巴基斯坦人多，可見巴基斯坦人在香港只屬於少數族裔中的少數。

　　在居住地區方面，巴基斯坦人主要居住於元朗區、油尖旺區及我校位處的葵青區，住在新界的佔五成以上。我校的所有巴基斯坦人，都在香港土生土長，而且有唸過幼稚園。在升讀小學階段，不少家長都會讓子女入讀以南亞裔學生為主的指定學校，其他家長則會考慮讓子女入讀本地主流學校，希望他們學好中文，適應社會。在語言方面，香港的巴基斯坦人主要使用烏都語，男性多會說廣東話，女性部分懂英語。

　　其次，提到巴基斯坦人的時候，我們不得不提及他們的宗教 —— 伊斯蘭教。伊斯蘭教亦即回教，是以《可蘭經》和聖訓為教導的宗教，與基督教和佛教並列為世界三大宗教。《可蘭經》被伊斯蘭信徒（稱為穆斯林）視為造物主阿拉命天使給予其使者逐字逐句的啟示，而聖訓則是造物主最後的先知 —— 穆罕默德的言行錄。穆斯林的生活跟他們的宗教信仰有緊密聯繫，包括言行、飲食習慣、文化習俗及婚姻。

　　穆斯林一天要進行五次禮拜，有時間更會到清真寺去進行禮拜。他們一生不能吃視為不潔的豬肉，而雞、牛、羊等也要以指定方式屠宰才可食用，而且他們視酒為有害身心的東西，所以不會飲酒。而女性外出時需要以頭巾遮蓋頭髮和上半身，只允許露出臉和手，腳絕對不能露出，一定要穿長褲，中東有些地方更只允許女性露出眼睛，其他身體部分要以長袍全部遮蓋。在婚姻方面，子女要尊重「父母之命」，所選擇的伴侶必須為穆斯林。

穆斯林女性的傳統裝扮。

　　本身我對伊斯蘭教只是一知半解，後來在任教巴基斯坦學生的兩年間，開始慢慢認識他們的宗教信仰，有時會因不了解而碰釘，有時會對他們的規條感到驚訝，但我慶幸我的世界變得廣闊了。我對生活在身邊卻一直視而不見的一個民族建立了聯繫和特別的感情，是他們教我跨出了人生的一大步。

位於尖沙咀的清真寺。

時間表
大公開

　　現今香港小學生的時間表都排得密密麻麻的，到底巴基斯坦小學生是不是剛好相反，是可以常常流連公園的自由一族呢？他們一天的生活安排是怎樣的呢？我將以我校的巴基斯坦學生為例，解構一下他們一天的生活。

　　信奉伊斯蘭教的穆斯林每天要進行禮拜，學生們需在早上五時三十分至六時三十分進行「晨禮」，亦即每天的第一次禮拜，有些學生更需要先洗澡，潔淨身體。然後，他們會吃早餐，大約七時半出門上學，八時前要回到學校。

　　回到學校，由班主任課至午飯前，他們的生活跟一般本地學生無異。由於本校是基督教學校，他們不會在學校範圍做任何伊斯蘭教的禮拜或宗教儀式。

　　午飯時段，他們需要到地下操場指定位置領取媽媽的愛心飯盒，然後回到課室享用。在半小時的大息時段裏，他們每星期有兩天需要參加「伴讀計劃」，學校安排了較高年級的學生充當「小老師」，協助他們溫習中文默書及進行圖書伴讀。

♥ 學生閱讀圖書都有所記錄，並需填寫字詞庫。

　　上完八節課之後，低年級學生就要上「課後中文及功輔班」，高年級學生也要上「課後功輔班」，時間由下午三時十五分至下午四時四十五分。放學後，他們是否終於變成自由一族呢？相信你也猜到，當然不是。星期一至四，他們回家換上傳統服飾後，還要趕往清真寺禮拜，學習《可蘭經》，時間由下午五時至晚上八時。他們有的會在清真寺吃媽媽準備的飯盒，有的會回家才吃飯。至於星期五，是部分人的「開心星期五」，因為這天他們不用禮拜，能夠到公園玩個痛快。

回到家已經是八時多，他們還要洗澡、做功課、溫習，最快也要十時才能睡覺。能夠在功輔班完成功課的學生，才能有娛樂時間，否則還要和功課搏鬥。一個小朋友要兼顧宗教和學習，還要長期作戰，殊不簡單。因此作為老師的我們，可以做的就是全面支援和照顧他們。

或許是平日太辛苦和休息不足，每逢長假期後，我都覺得他們每個急速長大了。其實身在香港，真是所有人都生活不易呢！

在學生有需要時，盡力幫助他們。

經驗
分享

每個家庭或小孩的禮拜次數及時間或有不同，最好先個別了解。安排課後活動最好避開要進行禮拜的時間。

2.3

男女也
包頭？

　　我自小就居住在公共屋邨，出出入入也會常常遇到南亞裔人士。說來慚愧，幾十年來，別說跟他們交流，就連哪些是印度人，哪些是巴基斯坦人，我也分不出來。

　　印象中，我家附近出現的南亞裔人士，不論是大人還是小孩，只要是男性，大多包頭，成年男性用布把頭包裹起來，男孩是用頭巾包裹髮髻，而女士則用頭巾圍頭。後來上網翻查一下，才知道這些是信奉錫克教的印度人。

　　至於生活在香港的巴基斯坦男人，衣着服飾沒中東阿拉伯國家那麼嚴謹，他們在外出時，沒有規定要帶頭巾或帽子，但在進行禮拜或進入清真寺時，必須戴上「宋谷帽」，這是一種短而圓的帽子，俗稱「禮拜帽」。同時，他們也需要穿上傳統長袍長褲出席禮拜。而女性只能在家人面前或同場全

部為女性的情況下，才能夠不戴頭巾，以真面目示人。女童雖可自由選擇，但家長大多會教育她們戴頭巾，同樣她們在出席禮拜時必須戴上頭巾。所有女孩長至大約十二、三歲，就必須戴頭巾才可外出。

　　我校的巴基斯坦女生中，有一半以上是會長期戴頭巾的，她們都是根據父母的要求去做。一、二年級的女生，大多不會戴頭巾，偶爾才會看到她們戴上。其實除了較樸素的白色或黑色頭巾外，還有不同顏色鑲滿珠片閃閃發光的款式，十分精緻。之前也提及過她們絕不能露出腳部，所以不論是穿校服還是體育服，她們也會在裏面穿上一條長褲。

　　每逢我校舉行「華服周」，一班巴基斯坦女生總會打扮得花枝招展，金光閃閃的，絕不會敗給本地的迷利小旗袍女孩。那幾天，她們紛紛成為老師和攝影師爭相拍照的對象。我校的巴基斯坦男生則比較

華服周也是「巴基斯坦服周」。

喜歡洋服，他們從不穿傳統的長袍回校，或許是因為覺得較為單調吧！

　　在我教學的第二年，德育及公民教育組的老師邀請我替一班巴基斯坦學生拍攝短片，希望帶出「共融」的信息。在聖誕節長假期期間，我安排他們男男女女全部穿上傳統服飾，拍攝介紹他們國旗、服飾及語言的短片，希望透過短片，讓全校學生好好認識活在身旁的巴基斯坦人獨特的文化。

學生穿上一身傳統服飾參與短片拍攝。

兄弟姊妹
眾多

可能大家都聽説過信奉伊斯蘭教的男性最多可娶四位妻子，而且他們偏向早婚，所以出生率一向偏高。身處香港的巴基斯坦家庭又怎樣呢？據我所知，我校所有巴基斯坦的家庭都是一夫一妻的，而且大多經濟條件有限，他們又是否生養眾多呢？

我校的巴基斯坦學生裏，有的是獨生女，有的只有弟弟，而大部分都是有三至五名兄弟姊妹的。他們兄弟姊妹之多，真令我驚訝，不禁心存疑問：現今香港生活環境擠逼，還能容納大家庭嗎？

不過，我十分羨慕他們兄弟姊妹眾多，可以互相幫助，自然地養成習慣分享的美德。有時我送他們禮物，他們會跟兄弟姊妹分享，其中一個巴基斯坦學生跟我説過：「我的妹

妹很喜歡這零食，我會留給她吃。」有時他們的兄弟姊妹生日，他們又會親自準備禮物。有一次某女孩的姊姊入院了，她擔心得很，決定花心思畫一張慰問卡送給姊姊。

我校有三名巴基斯坦學生是兄弟姊妹關係，他們經常鬧出趣事。試過妹妹的午餐撈麵未吃完，放學時正想打開再吃，哥哥突然跑過來搶走飯盒，一口氣把撈麵吃光，妹妹哭笑不得。有一次外出參觀嘉道理農場暨植物園，妹妹累得不想走，哥哥二話不說就背起妹妹走起斜路來，十分貼心。有需要時，我還可以吩咐姊姊幫忙追收弟弟的通告和功課之類，十分方便。

❤ 大哥的風範

兄弟姊妹的存在的確十分重要，正正因為年長的會照顧年幼的，家庭才能維持。其中不少就讀中學的哥哥姊姊會指導弟妹功課，替他們溫習，又不時前來學校接放學。他們很多時還是我的翻譯員、好幫手，替我把重要資訊告知他們的父母。

即使是我校低年級的學生，他們的身分已經是哥哥姊姊，雖然未能擔當重任，但每次在公園看到他們帶領更年幼的弟妹玩耍，充當一個小保鑣，也會會心微笑。我可以肯定，他們的自理能力比一般香港學生強，每次注意到同學有需要，定必仗義相助。他們掃地清潔有板有眼，相信都是因為平日訓練有素。真心希望他們能與兄弟姊妹一輩子相親相愛，互相扶持。

經驗分享

如少數族裔家長不會中文或英文，不妨找他們較年長的子女幫忙。這班學生在香港土生土長，定是校方與家長之間的溝通好幫手。

2.5

受保護的
女孩

由於我校的巴基斯坦女生全部都是信奉伊斯蘭教的穆斯林，所以行事要根據教條的規定，而且是較受保護的。我多次因對伊斯蘭教的文化一知半解而碰釘，但經過了解後，我開始明瞭他們的做法，也學會了尊重和配合。

我校的巴基斯坦女生有一半以上會用頭巾包頭，盡量只以容貌示人，頭髮和上半身會被遮蓋，隱藏自己的全貌，以保護自己。她們在禮拜時，也是男女分開在不同的地方進行，兩性不會交流。

有一次，一名小五的巴基斯坦女生很想參加「乘風航」活動，該活動要求參加者從船上跳到海裏，以提升他們的自信。由於活動要求學生必須穿上泳衣，家長一度不讓女兒參加。幸好經女兒多番游說，家長願意讓她參與，還陪同她買

了一件包裹全身的泳衣，女兒最後成功獲得一生難忘的體驗。

　　巴基斯坦人的父親大都十分緊張女兒，希望她們盡量只跟女同學做朋友。有一次，一個家長提出了一個奇怪的要求，他希望在午膳時間，不要讓她的女兒和同班的巴基斯坦男同學一起到操場拿飯盒，要二人分開去拿。我和那個女生的班主任聽到後都覺得這位家長有點過度保護和緊張，但也只能按要求照辦。後來，她的父母親解釋說其宗教規定男女接觸要小心，就連結婚也是由父母安排，不像我們香港人可以自由戀愛。

💝 巴基斯坦男生參加「乘風航」活動，穿簡單服裝也沒問題。

聽完解釋後，我開始有一點點理解，到後來慢慢認識他
們的文化後，明白他父親的擔憂，因為疼愛女兒，所以才會
提出看似無理的要求。

另外，有一次高年級的三個學生有幸在學校的小舞台表
演跳舞，其中兩個是姊弟，我把表演短片傳給他們的父親，
希望與他分享這份喜悅，怎料第二天姊姊說他的爸爸看到短
片後有點憤怒。原來他們沒有跟父親說明在學校表演一事，
而且姊姊穿上鮮豔的傳統衣服，在沒有包頭的情況下婀娜多

伊斯蘭教對兩性相處
有嚴格規定，父母大
多希望女兒盡量只跟
女生做朋友。

姿地表演舞蹈，所以父親看了，難免會產生反感。而傻傻的我就「好心做壞事」，只好將此事當作教訓。

　　前段提到的這個姊姊在六年級時不獲父母批准參加「畢業營」，感到又失望又傷心，也不懂得如何跟同學及好朋友解釋，只能裝病在家休息。文化差異有時讓人逼於無奈作出犧牲，但歸根究底，一切也是出於保護女生，我們要予以理解及尊重。

經驗分享

作為教師，我們可在舉辦活動前多為一班穆斯林女生着想，例如在學校旅行或其他活動需要分組時，盡量安排她們與女生一組。在邀請她們參加比賽或表演時，最好先向家長解釋說明並取得同意。如遇到家長不同意的情況時，有時甚至要安慰一下學生，跟她們分析背後的原因以及安撫她們失望的情緒。

珍寶「豬」

　　有一次上中文加輔班時，我說要獎勵在評估中有進步及成績理想的學生，小禮物是特別版「珍寶珠」一支，怎料一名巴基斯坦學生大聲回應說：「珍寶『豬』？杜老師，我們不能吃『豬』的。」這笑話令全班學生哄堂大笑。

　　從這個例子中，我深深明白「豬是不潔的」這個形象已經植根在每個穆斯林小孩心中。除了絕不食用外，他們對「豬」的形象大感厭惡，最好不要讓他們看到及對他們提及。我為伴讀計劃購買的一批書裏，有一本《三隻小豬》，他們看到封面都會露出不屑和反感的神情，又會做出作嘔動作，還會變得有點憤怒，拒絕看這本書。

　　宗教的影響力實在厲害，相信他們自小就認識《可蘭經》，內裏提到有三種東西是不潔的，禁止信徒食用，包括

自死物、血液及豬肉。因此，他們自小就清楚要遠離豬這骯髒的動物。

在教學方面，我會盡量避免使用「豬」的教材及圖片。不過，有時候總是避無可避，因為學校使用的都是出版社的教科書，內容少不免會提到「豬」。我可猜想，在已過去的二零一九年農曆新年，校園一定布置了不少與豬有關的賀年裝飾，巴基斯坦學生或會對此反感。在這些時候，我建議要先教導和安撫他們，說這只是學習內容，多認識也好，然後要清楚表明老師知道他們不能吃豬肉。

有一次，我帶他們到嘉道理農場暨植物園，因為我知道他們對動物充滿興趣，偏偏那裏最有名的是「大花白豬」。

嘉道理農場暨植物園的大花白豬。

我也猶豫過要不要帶他們去看，結果我選擇冒險，因為「大花白豬」是特別的品種，絕不輕易可見。他們每個都是第一次看豬，瞄了一眼就趕緊用雙手蒙眼，我明白他們複雜的心情。後來，他們都慢慢放開了，認真觀察大花白豬的行動，透過親自接觸，獲得另類的學習體驗。幸好，最後我沒有收到投訴，順利過關了。

在此順帶一提，除了禁止食用豬肉外，伊斯蘭教對肉食有嚴格的標準。穆斯林只可以吃「清真肉」，即以特別方式屠宰及在屠宰前被唸誦過清真言的牛、羊、雞等，而屠夫需奉真神阿拉之名才可宰殺畜牲。首先，屠夫會檢查動物的眼睛確保其健康，再供水飲用以解其渴，然後使之面向聖城麥加。他們在下刀前會唸誦清真言，然後盡量一刀割斷其食道、氣管及兩條動、靜脈血管，減少牲畜的驚嚇和痛苦，然後進行放血，肉品必須在維持心跳下放血，因為血液是禁止食用的，放血完成才進行宰割。

穆斯林食用的肉類需在清真肉檔購買，因此，我們要注意一點，我們平日一般食用的牛、羊、雞以及任何含有豬油成分的食品，如魚肉燒賣、魚蛋、酥皮製品、馬拉糕等，都絕不能供穆斯林學生食用。

經驗分享

不同宗教的非華語學生禁食的肉類有所不同，例如信奉印度教的禁食牛，老師要加倍留意。

HALAL
標誌要認識

　　所有任教穆斯林學生的老師，在贈送零食或舉辦大食會時，都要加倍小心。因為小朋友對零食總是無法抗拒，所以不少老師都會以零食獎勵他們。但在購買時，最好選擇印有 HALAL 標誌的食品，因為這是經過清真認證，適合穆斯林食用的食品。另外，我們也要知道穆斯林是不能吃動物的骨粉，即魚膠粉，所以沒有印有 HALAL 標誌的果凍、橡皮糖等，也不能送給他們。我也試過不小心送過果凍給他們，幸好他們立即提醒我，於是我馬上收回。

　　還有，在舉辦大食會或燒烤的時候，老師也要注意不要讓穆斯林學生進食沒有清真認證的食物，老師可提前叫他們自備一些適合穆斯林的食物，我校的女生就試過製作麥樂雞

跟全班分享。在燒烤時，老師可以為他們準備白麵包和印有 HALAL 標誌的雞翼、香腸等，讓他們一嘗燒烤及與眾同樂的滋味。最後，烹調過程也要小心，絕不能添加米酒或豬油，因為這都是《可蘭經》禁止的東西。

食物包裝上印有 HALAL 標誌

什麼是清真（HALAL）認證呢？ HALAL 是阿拉伯文，解作「合法」的意思，而清真認證是為了確保商品品質、餐廳等符合伊斯蘭教的規定。要取得認證絕不簡單，當中要求原料、製作、包裝、運輸所有過程都要保持清潔衛生，而且不能碰到豬肉、狗肉、酒精、血液和兩棲類等被禁止的物品。除此之外，在商品通過專家的嚴格審查後，取得合格才能獲得認證，而且每兩年還得重新申請認證。這系統對佔全球人口四分之一的穆斯林來說，是非常實用的認證。透過清真認證和 HALAL 標誌，他們可以放心購買合乎清真標準的物品。

下一次到超級市場，不妨尋找一下有 HALAL 標誌的食品，你會彷彿發現了新大陸。任教非華語學生的你，可能更會從此開始為學生去留意這標誌。或許大家也會像我一樣，在不知不覺間，和他們共創美好的共融校園生活。

午餐吃
什麼？

在〈時間表大公開〉一文中，提過巴基斯坦學生的午飯是由家長準備的，他們午膳時會自行拿取飯盒，那到底他們通常是吃什麼午餐的呢？

學生們正在享用美味的午餐。

依我兩年的觀察所見，他們主要會吃米飯、薄餅、豆泥、肉卷、咖喱和印尼撈麵等，味道以辛辣為主，而且烹調方法較為油膩。

他們食用的香米比我們一般食用的泰國米長得多，大約有七毫米長，煮熟後更是生米的二至三倍長。由於這種米較乾及黏性低，所以適合用作炒飯。我第一次見識後也覺得甚為特別，一條條長長的米飯彷彿充滿着無窮的生命力。

巴基斯坦米飯

提到巴基斯坦人常吃的薄餅，原來主要分三種。第一種是饢（Nan），以小麥粉和玉米粉，附以雞蛋、牛奶等放在饢坑裏烤製而成；第二種是恰巴提（Chapati），比饢大和薄，製作時把生麵糰在手掌之間拍打拉扯，用饢坑烤或鍋上煎，不放油；第三種是普拉塔（Paratha），是一種分層的酥油餅，中間可加入番薯及肉碎等作材料。饢和恰巴提主要是裹着菜或沾咖喱吃，而帶餡的普拉塔可以單獨吃。我校的女生經常都吃不完一整個恰巴提，不知回家後會不會被媽媽責罵呢？

　　至於印尼撈麵，應該是最方便快捷的一款，可能大家都知道印尼人大部分都信奉伊斯蘭教，所以很多食物也取得了清真（HALAL）認證，加上小朋友大多喜愛撈麵，所以這款食物經常在他們午餐中出現。有時候，我會捉弄他們說：「撈麵含有很多味精，吃得多會長不高呢！」

　　有時候，他們會吃麥當勞的食物作午餐，每次都會惹來同班同學羨慕的目光，其實就連老師也想分一杯羹呢！

饢（Nan）

恰巴提（Chapati）

普拉塔（Paratha）

在進食時，我校的巴基斯坦學生全都會使用刀叉等餐具，沒有人按照傳統用右手去進食，或許是害怕同學的目光，也較清潔衛生吧！

由於他們經常都吃咖喱，偶爾會不小心沾到校服上，他們往往沒有察覺，每次我看到都會提醒他們，然後暗自擔心咖喱漬會洗不掉。

在二零一八年放暑假前的某一天，我有機會跟他們一起吃飯，所以特地買了巴基斯坦咖喱，跟大家共進午餐，作為一個紀念。最後，我吃剩的咖喱，居然被五年級的淘氣小猴子全部吃光。

英語
小精兵？

　　相信大家都會有一個印象，認為巴基斯坦學生應該個個都精通英文吧！事實又是怎樣呢？以我校學生為例，他們大部分的英文成績的確都不錯，但也有少部分的學生未能取得合格的成績。

　　有一次，我聽到幾名本地學生在談天，其中一名五年級生說：「我校的巴基斯坦人英文水平一定比我們強，因為他們的母語是英文。」聽到後，我忍不住回應：「其實他們的母語並不是英文，而是烏都語，即巴基斯坦文，是他們的家鄉話。」幾個學生聽後恍然大悟，尷尬地笑着離開。

　　英文對巴基斯坦學生來說也只是第二語言，據我觀察，母親會英文，而且常常看英文電視節目的學生，英語能力會較強。相反，母親只會烏都語，而且平日多看家鄉節目的學

生，英語能力只屬普通。可見，不論是什麼語言，平日多接觸才能熟能生巧。

曾經有一個學生家長擔憂地告訴我，她的兒子在家裏不說烏都語，反而常常説英文，就連三歲的弟弟也受影響，説得一口流利英語。原來除了擔心中文能力外，還要擔心子女説不好家鄉話，巴基斯坦家長也不容易當呢！巴基斯坦學生生活在多語言的環境下，不知會不會大感混亂呢？

有時聽到他們説烏都語，發現裏面不少單字的讀音跟英文一樣，所以他們日常溝通時會接觸很多英文生字。如果小一的非華語學生聽不懂我的話語，我也會用英文去解釋，他們就會笑説：「原來杜老師也會説英語，不只會説中文。」我再一次被他們的天真可愛擊倒了。

♥ 非華語學生要學習廣東話、英語、家鄉話，真是不容易呢！

　　由於他們的英文水平較高，所以不時被老師挑選參加英詩朗誦、英語話劇等，既能發揮所長，又能建立自信，真是一舉兩得的學習機會。

　　作為中文教師，我堅持盡量用中文跟他們溝通，做好本分。至於自己，英文也進步不少，因為我要使用英文跟家長溝通，這個身分讓我這個一直使用中文工作的人不再做井底之蛙，是我的額外收穫。

經驗
分享

雖然英語是巴基斯坦的官方語言，但在香港定居的巴基斯坦家長中，只有部分能應用英語。男士的話，一般能說廣東話，所以老師在開學初便要做好功課，了解清楚家長的語言情況。

2.10

表現自我的
勇氣

　　中國人一向較為保守，講求謙卑，避免鋒芒畢露，本地的香港學生亦相對較被動。相反，巴基斯坦人則比較熱情，情感表達直接，我校的巴基斯坦學生大部分都十分主動，是敢於嘗試和挑戰的一羣。

　　或許由於自己是個被動的人，所以特別羨慕他們開放勇敢的性格。在課後中文及功輔班，每逢有遊戲或活動，他們都會格外投入和踴躍，反應往往比預期熱烈。他們的笑容驅使我注入更多動力製作更多有趣的教材，希望寓教於樂。

　　第二年，我任教中文加輔班，每逢訓練「看圖說故事」時，班上其中兩個巴基斯坦學生就會把雙手舉得筆直，希望被我抽中在全班同學面前說故事。有時我以抽籤形式進行，多次抽不中他們後，他們的眼神流露着失落，有時還會舉手

希望我給他們機會。這份不畏失敗的勇氣，值得所有人去學習。我班的另外一個巴基斯坦女生恰好相反，性格害羞，害怕在全班同學面前演説，還試過哭出來。經過同學的鼓勵，她最終鼓起勇氣，迎接挑戰，完成後展露滿載成功感的微笑。她的勇敢也是值得嘉許的，因為她衝破了內心的恐懼，沒有選擇逃避。

另外，他們也是表演慾旺盛的民族。由於他們熱愛跳舞和音樂，學校特意安排三名高年級的巴基斯坦學生表演巴基斯坦舞蹈，他們隨歌起舞，毫不怯場，引來了一片歡呼喝彩。我又安排一名三年級的巴基斯坦女生表演普通話唐詩獨誦，她認真練習，表演時讀得鏗鏘有聲，獲得不少掌聲。

準備表演傳統舞蹈的學生們。

只要我們多給他們機會，他們絕對是可造之材。有時候，我有一種任教國際學校的感覺，滿載生命力的他們令我的教學充滿互動，教學滿足感倍增，更讓我不時三省吾身。

2.11

看不到的
歧視

　　不論在香港社會還是在學校，巴基斯坦人都只佔少數，加上新聞經常報道南亞裔人做排隊黨、打家劫舍等，容易使一般香港人對他們存有一種壞印象。

願社會對各民族的文化多一分了解，多一分包容，讓全世界的小朋友能一直保持如此純真可愛的笑容。

　　比起以前，社會或許已經進步了。我很少聽到有人當面叫巴基斯坦人做「阿差」，刻意貶低他們的身分地位。可是，歧視仍然存在，不少人會在網上惡言攻擊他們。身處學校，在老師的視線範圍之外，我相信巴基斯坦學生遭受過不少歧視。

　　有些巴基斯坦學生會塗髮油及噴古龍水上學，這是一種傳統習慣，但往往被本地學生取笑發出怪味。由於他們經常吃咖喱，有本地學生說過他們的食物發出臭味。這些文化差異造成不少誤會，令他們不能和諧共處。

　　在拍攝共融影片時，兩個巴基斯坦學生分享了自己遭受歧視的經過及感受。其中一個男生因為用手吃飯，被同學恥笑很嘔心，他氣得衝出走廊。因為大家不了解用手吃飯是他們的傳統，只用自己的知識去判斷他們的行為，對他們的傷害不淺。結果，這個男生從此不敢在學校用手吃飯。

　　另一個巴基斯坦女生因為膚色黝黑而被歧視。有一次她在籃球場外觀看兩個男同學打籃球，怎知那兩個學生看到她就突然走過來說：「哈哈！黑人牙膏呀！黑人牙膏呀！我日日都用啦！」女生聽到後無奈地離開了，感到極不受尊重。除了本地人外，我知道膚色較白的巴基斯坦學生有時也會歧視膚色較黑的同鄉，認為自己較為優越，這是可悲的。希望

透過校園電視台製作的影片，可以讓本地學生接納非主流的文化，建立共融的校園生活。

　　以上的故事相信只屬於冰山一角，我們看不到的歧視可能是無處不在。不論是什麼國籍什麼膚色的人，我們都不應戴有色眼鏡去看待。每個人都是獨立的個體，有不同的性格，透過真實的相處，我們可以選擇跟不跟他們交朋友，但至少我們得尊重每一個人。作為非華語學生統籌老師，我有責任向學生帶出這個重要信息。幸好，我校還是有很多本地學生和他們做朋友，一起學習一起玩耍，相信這些珍貴的友情將會成為他們一生難忘的回憶。

　　Beyond 的《光輝歲月》中的歌詞提到：「可否不分膚色的界限，願這土地裏，不分你我高低，繽紛色彩閃出的美麗，是因它沒有，分開每種色彩。」願我們都謹記，並一同創建繽紛的世界。

音樂
無國界

　　世上有好幾種東西是無分國界，全世界人都能用心感受得到、享受得到的，包括愛、美食、音樂等。在我任教巴基斯坦學生的兩年，我見證到音樂的奇妙和偉大。

　　我校的巴基斯坦學生全部都是伊斯蘭教的信徒，亦即是我們常常聽到的穆斯林。他們信奉伊斯蘭教卻入讀了基督教學校，會否顯得格格不入？事實證明他們都相當適應校園的生活和宗教儀式，雖然老師帶領禱告時他們未必會照做，福音周也未必會出席，但有一個環節他們一直都樂在其中，那就是頌唱詩歌環節。

　　有時候，我會被安排代班主任課，不少次我有機會前往有巴基斯坦學生的班別代課，在早會進行時，我會專心觀察他們。早會以校園電視台形式進行，主持人幾乎每天都會播放詩

歌頌讚耶穌，這個環節是最受歡迎的，所有學生不分種族在課室一起大合唱，想不到巴基斯坦學生對唱詩歌毫不抗拒。

有好幾次，我校和一間支援少數族裔的機構合作舉辦考察活動，在乘坐旅遊巴期間，導師邀請一班巴基斯坦學生點歌和唱歌，結果他們大部分都點唱在學校常聽的詩歌，例如有《愛滲我心田》、《等一個懷抱》等，令導師大感驚訝。我頓時感到音樂的厲害，它能打破宗教和國籍，進入小孩子的心裏。有些高年級的巴基斯坦學生平日也有聆聽粵語甚至國語流行曲，我感到很高興，因為透過音樂的互動促進了文化的交流。除此之外，他們最喜歡的歌曲是日本歌手 Piko 太郎主唱的《PPAP》，他們在車上表演，模仿得相當神似，令人拍案叫絕。

學生在旅遊巴上一起唱詩歌。

　　後來我忽發奇想，覺得詩歌也能成為學習中文的教材，我把他們喜愛的詩歌歌詞列印出來，由讀音及詞彙着手，訓練他們唱出一整首詩歌。如有時間，我想舉辦一個小型的粵語歌唱比賽，滿足一下他們的表演慾。

　　回頭想想，我自己對印度音樂雖然一竅不通，但透過印度電影也能感受其輕快的節奏及高漲的情感，所以，音樂真的是無分國界，更加具有耳濡目染的威力。

經驗
分享

雖然學生未必抗拒唱詩歌，但我們要尊重他們的信仰，不能強逼他們參與其他宗教的活動。

2.13

小孩
也齋戒

　　第一次認識伊斯蘭教的齋戒月，是從我的出版社同事口中，由於她有聘用印傭，而印尼人大部分信奉伊斯蘭教，所以她的印傭會進行齋戒。我的同事向我簡單講解她的齋戒生活，使我對齋戒月有初步的認知。

　　齋戒月訂於每年伊斯蘭曆的第九個月，在這個月裏，穆斯林從日出到日落之間（約由凌晨四時半至黃昏六時半）不可進食與喝水，也不能吸煙及進行房事等。直

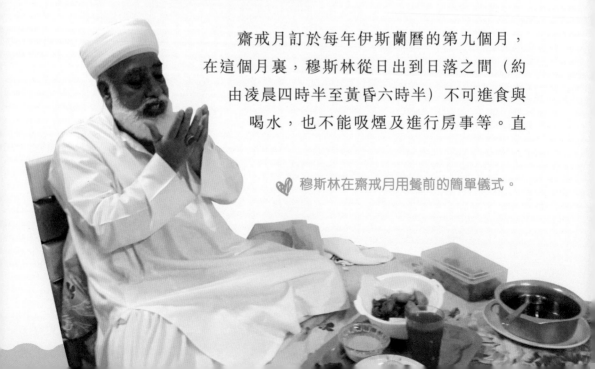

🧡 穆斯林在齋戒月用餐前的簡單儀式。

到昏禮（日落時的禮拜）喚拜聲響起，才能開齋，禮拜後可以進食第一餐，然後再禮拜，大約九時至十一時進食第二餐，凌晨二時至四時可以再進食。

其中小孩、長途旅行者、孕婦、產婦及哺乳期、月經期的婦女和老弱病殘等人士可以不必齋戒。十四小時不吃不喝對於一般人來說的確有點不可思議，但對於穆斯林來說，這是重要的一個月，因為這段時期可以讓他們清心寡慾，敬畏真主，提高道德修養，透過體驗貧窮及捱餓，培養惻隱心，做到扶困濟貧，也能增強自律性及磨煉意志。值得注意的是每年齋戒月的日期也會不一樣，因為伊斯蘭曆法與通用的西曆有大約十一天的差距。

由於我知道小孩不必進行齋戒，所以沒有特別關注我校學生的情況。想不到，高年級的三個巴基斯坦學生居然主動齋戒，由於正值評估時期，我知道後難免擔心他們沒有體力應付評估。原來在這個成長階段，他們有權選擇嘗試齋戒，結果他們都勇於挑戰。得知情況後，我立即通知任教他們的科任老師要多關注他們的身體狀況。感覺上，他們看來雖然不及平日精神，但校園生活一如往常，沒有受到大影響。

後來，其中一個女生病倒了，所以她的家長建議她停止齋戒，看到他們努力嘗試，實在是深感佩服的。他們對於宗

教的熱誠和尊重，衝破了年齡的限制和飢餓的煎熬，相信他們是真心想領會齋戒背後的意義。

伊斯蘭教主張救濟窮人，我透過一件小事深深體會到。我校一個三年級巴基斯坦女生在一次考察活動中，看到清真寺門外有一個撐着拐杖的乞丐在行乞，她立即上前想把二十元送給那個乞丐。那二十元是她一直想買雪糕卻遭我多次拒絕的珍貴零用錢。在看到貧苦的乞丐時，她居然慷慨地選擇施捨，伸出援手，我深受觸動。可是那一刻，我擔心她若果送錢給乞丐，會引來危險，於是上前阻止。她多次說：「但阿拉叫我們要幫助窮人的。」最後，我狠下心拖走了她，以免帶來什麼麻煩。事後，我為此事耿耿於懷，不知自己的決定有否做錯，不知自己有否扼殺了她的同情心，但我肯定的是小小年紀的她已經體會到扶困濟貧的精神。

經過這件小事後，我慢慢了解齋戒月的目的，也學會尊重學生的選擇。不過，有一點我是自私的，真希望齋戒月不要碰上評估周，讓他們能有充足的體力應試。

經驗分享

最好在學期初先了解該年的開齋月日期，以便適切地作出教學或活動的安排。

盛大的
開齋節

　　當為期一個月的齋戒月結束後，就迎來穆斯林最期待的盛大日子 ── 開齋節。開齋節訂於伊斯蘭曆每年十月一日，以慶祝穆斯林完成整個齋戒月。

　　當九月的齋戒活動完成後，最後一天晚上，穆斯林家家戶戶會享用豐盛的開齋飯，以慶祝一整個月封齋的功德圓滿。在開齋節的大清早，穆斯林會到清真寺去聆聽教長吟誦《可蘭經》，再集體朝着聖城麥加的方向依禮敬拜。這天，穆斯林還會穿上節日服飾，拜訪親友，恢復緊密的聯繫。

　　開齋節也是感謝真主阿拉使他們的信仰更加堅定的節日，在穆斯林之間洋溢着歡樂的氣氛。開齋節由來已久，第一次開齋節就是先知穆罕默德和他的家人朋友一起慶祝的。

　　作為非華語學生的統籌老師，除了要關注齋戒月外，還

要留意開齋節的日期，最好預先上網查閱，並要記下來。我也曾經因為疏忽而在開齋節舉辦中文學習興趣班，結果要臨時改期。這個節日對於穆斯林來說，有如我們的農曆新年般重要，一般會連續慶祝兩天。因此在這兩天，基本上所有穆斯林學生也會請假，不會上學，我們為他們舉辦試後活動時要特別留意，否則會造成不必要的行政麻煩。如果班主任或校務處書記提到某一兩天很多巴基斯坦學生缺席的話，我們也要把原因告知。

　　開齋節當天，我在學校門外碰到我校一個巴基斯坦女生，她穿上粉紅色的傳統服飾，還畫上眼線化了妝，手上畫滿巴基斯坦傳統彩繪（Henna），一身慶祝節日的打扮相當惹人注目。我用手機拍下她與朋友的照片，用作留念。看到她，我第一次感受到開齋節的盛大和喜氣洋洋的氣氛。每年一度的開齋節，相信是小朋友最開心的日子。

參考資料：
維基百科詞條「開齋節」。

💜 漂亮的 Henna 彩繪

2.15

憧憬的
職業

相信每個小孩子都會有夢想的職業，我任教的巴基斯坦學生也不例外。我曾經訪問過他們理想的職業是什麼，有的說是英語教師，有的說是醫生，但大部分人都表示希望將來成為一名警察。

大概香港警察在巴基斯坦人心目中有正義超人的形象，由父母一代開始，他們已經憧憬當警察，新一代甚至會把巴裔的警察視為偶像。我校的巴基斯坦學生雖然心懷「當差」的理想，卻苦無認識警隊的機會。由

♥ 不少學生的志願都是成為警察。

於我校的課外活動沒有少年警訊的選項，所以對於有興趣成為警察的他們，我會建議他們自行參加少年警訊。

其中一個女生的家長，多次向我們查詢有關詳情，女兒加入成為少年警訊會員後，又希望她多參與其中的活動，不時向我們查詢少年警訊網頁內容，好讓女兒報名。她又經常鼓勵女兒學好中文，裝備自己將來投考警隊。

近年不少非華裔人士加入警隊成為新力軍。二零一一年至二零一五年，共有二十五名非華裔人士獲取錄成為警隊一分子，他們來自不同族羣，包括巴基斯坦、菲律賓、泰國、印尼、葡萄牙、韓國、尼泊爾和委內瑞拉。此外，油尖警區、元朗警區、葵青警區和九龍城警區亦分別為該區的非華裔少年警訊會員籌辦「寶石計劃」、「喜瑪拉雅計劃」、「高峯計劃」和「造星計劃」，為非華裔青少年開設中文課程和舉辦多元化活動，協助他們提升中文水平，發揮潛能。

當中較為出名的有巴裔警察范業成（Ifzal Zaffar），在二零一七年，他以家鄉語烏都語勸服一名危站起重機頂的同鄉回到地面，一度成為城中熱話，也被形容為香港少數族裔青年的榜樣。當初他也是透過「寶石計劃」認識香港警隊，最終投考成功。我曾經播放他的一段訪問短片給一個巴基斯

坦男生看，在短片內，范業成還用了烏都語鼓勵想加入警隊
的同鄉，那個男生看完後十分感動，深受鼓舞。

　　非華裔人士能夠成為警員，對我們社會實在貢獻良多，
如果你的學生也懷抱如此偉大的理想，我們就一定要鼓勵他
們用心學好中文，並全力支持他們。

經驗
分享

留意關於少數族裔的新聞，從生活中帶給學生正面積極
的訊息。
附上范業成的短片，掃描右面二維碼即可觀看：
香港巴裔「最帥警員」啟蒙少數族裔青年

2.16

印巴衝突

　　從小到大，我經常會從新聞中聽聞「印巴衝突」四字，但是除了知道是涉及印度及巴基斯坦兩個國家和主權備受爭議的喀什米爾地區外，我是一無所知的。我甚至覺得，印巴衝突跟香港扯不上任何關係。

喀什米爾的特色船屋

近年印度電影不斷崛起，不論是內容還是主題，都教人深省，所以我也愛上印度電影。有一次長假期功輔班，因為學生已經完成功課及各項任務，所以我播放了印度電影《把她帶回家》。故事講述一個不能說話的巴基斯坦女孩被媽媽帶到印度朝聖祈願，卻因為意外在回國時失散了，女孩獨自飄泊，幸好遇上印度好心人帕萬，他決心把她帶回巴基斯坦。可是，由於兩國關係欠佳，兩人在途中經歷了各種兇險。

因為我知道故事的女主角設定為巴基斯坦人，加上印度的印地語與巴基斯坦的烏都語大同小異，所以我決定向他們分享這齣精彩的電影。怎料，放學時，其中一名巴基斯坦女生悄悄對我說：「雖然這齣電影相當好看，但是我不能向媽媽說明，因為她會不高興。」我頓時恍然大悟，印巴衝突其實是真實存在的，即使在香港，巴基斯坦人還是忠於自己國家，盡量不希望子女受印度文化影響。

更意想不到的是，當天我下班離校時，剛好碰上那名巴基斯坦女生及她的母親，我主動打招呼，女生走過來向我坦白說：「我剛才誠實告訴媽媽我看了印度電影，還道了歉，幸好媽媽原諒了我。」那刻，我真的尷尬萬分，有點犯下彌天大罪的感覺。自此，我知道給巴基斯坦學生播放電影或音樂時都要小心選擇。

　　回家上網搜尋有關印巴衝突的資料，知道在英國殖民地統治下的印度，於一九四七年按照信仰被劃分為印度及巴基斯坦，兩國宣布獨立。由於印度人大多信奉印度教，而巴基斯坦人則信奉伊斯蘭教，兩國宗教差異極大。加上喀什米爾的爭端，兩國經常發動襲擊，邊境交火時有發生。了解歷史過後，我明白那名巴基斯坦家長的立場和想法。

　　我知道學校在新學年將會迎來第一個印度學生，真希望一班巴基斯坦學生能夠與她和諧共處，求同存異。

參考資料：
維基百科詞條「印度－巴基斯坦關係」。

第**3**章 點點滴滴師生情

感恩遇見他們，讓我獲得與眾不同、多姿多彩的教學經驗，成就延續一生的美好回憶。」

3.1

貼紙的
威力

　　我校的巴基斯坦學生每天都要出席課後中文及功輔班,為了建立常規和提升學習動力,我訂立了簡單的貼紙獎勵制度。

　　或許是離開孩童時代太久,我忘了小朋友都喜歡貼紙。在入班支援時,我看到一年級的老師會經常送貼紙鼓勵學生,不單貼在功課簿上,就連上堂學生答對問題也會派發貼紙,有些老師更會把貼紙貼在學生的校服上,學生都十分受落。這勾起我小時候的回憶,我也曾經很喜歡貼紙,更加有一本珍而重之,收藏至今的貼紙簿。

　　在課後中文班時段,學生答對問題,我會在黑板上其名字旁加上一顆

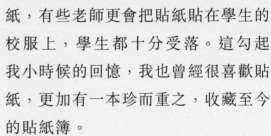

學生經常會自豪地展示自己的貼紙珍藏。

星，如能在功輔班時段完成功課，會加兩顆星，秩序分又會隨時加，最後星星數目最多的兩個學生能在放學前選取喜歡的貼紙一個，以示嘉許。後來，眼見他們都樂在其中，我決定把自己的美好回憶傳承給下一代，每人送一本貼紙簿，希望他們能把貼紙珍藏起來。不過，我規定他們在平日課堂上禁止拿出來，否則會被沒收。

雖然沒收事件從沒發生，但有學生試過因一星期也拿不到貼紙而暗暗垂淚，小小的心靈有時也會被貼紙傷害，這些時候唯有鼓勵她好好努力，然後自我檢討一下貼紙制度有沒有改善的空間。我發現可以加入進步獎，以嘉許力爭進步的他們。

或許貼紙對於小孩子來說就是有一種無法抗拒的威力，貼紙簿更是一種自我炫耀的工具。我發現當一名教師，不時要回歸童真，才能理解學生的心理。看到他們各施各法，把家中的貼紙、印花、數學書多餘的貼紙都一一貼在貼紙簿，真是哭笑不得。小孩子的心態就是以多取勝吧！

第二年，我任教中文加輔班，發現不論是默書簿還是功課簿，我送的貼紙有時會不翼而飛或有被撕過的痕跡，每次看到，我不會想訓斥學生，反而會會心微笑。為什麼？因為小時候的自己也做過類似的行為。貼紙背後，是一份認同、鼓勵，也象徵成功。貼紙在我心中的分量可以匹敵當年，只因它表達了只屬於小孩子的那份簡單可愛。

3.2

鉛筆刨的
誘惑

　　每次上課後中文及功輔班之前，我都會安排有需要的巴基斯坦學生前往洗手間或刨鉛筆。

　　由於我特地為他們買了一個全新的手搖鉛筆刨，不少學生都爭相使用。有見及此，我規定所有人刨鉛筆前要先讓我檢查鉛筆。其中一名一年級的男生舉手讓我檢查，我發現他的筆盒裏有幾枝鉛筆還很尖銳，所以拒絕了他的要求。

　　過了一會兒，他突然拿着三枝鉛筆走到教師桌前，小聲地問：「杜老師，請問我現在可以刨鉛筆嗎？」我看到他手上的三枝鉛筆全都斷了，明顯是故意弄斷的，立即義正詞嚴地說：「老師知道你是故意弄斷鉛筆，然後要求出來刨鉛筆的，我知道你想試用鉛筆刨，但你用的方法錯了。你這樣做鉛筆會受損，而且很快用完，還會浪費你媽媽的金錢，這次

罰你不能親自刨，由老師幫你，下次真正有需要時才提出。」
他聽到後垂下頭，顯得失望和無奈。

　　這微小的事件其實頗令我震撼，我沒想過一個手搖鉛筆
刨居然能教一個小孩想方設法去試用，大概是因為他只擁有
最基本的小孔鉛筆刨。鉛筆刨的誘惑讓我體會到小孩的好奇
心是不容忽視的，但是謹記要用在正確的事情上。

　　因此，無論在教材設計還是上課過程，我都安排不少引
發他們探索的元素，也決定要帶他們多多認識大自然和香港
社會。

🌸 學生們體驗小盆栽種植。

　　我曾帶領他們參觀年宵市場、稻香飲食文化博物館、嘉道理農場暨植物園,體驗過電車和輪船之旅。從他們的小眼睛裏,我看到的是他們對世界的熱愛和好奇。

學生們對着展品扮吃點心,可真有模有樣。

經驗分享

觀察非華語學生的性格和興趣,大膽去安排一些活動教學,對他們的中文學習大有幫助。

失物
大搜查

　　因為課後中文及功輔班的緣故，我每天都會對着一、二年級的巴基斯坦學生，我發現幾乎每星期也會發生失物事件，而且是六名學生都遺失過自己的物品。小至一塊橡皮，大至課本，他們也曾經遺失過。

　　每次發現東西不見了，他們總是不知所措，面露擔心的神情、雙眼發出楚楚可憐的求救眼神，然後舉手告訴我，說想到處去尋找。起初，看到他們焦急的樣子，我通常只會簡單確認一下，用認真的語氣去問：「你真的已經找清楚書包及抽屜也沒有那件東西？」他們往往用更堅定的語氣回應：「真的找過很多遍也沒有呢！」

　　然後我讓他們去自己的課室或校務處尋找，但很多時都無功而還。看到他們失望的表情，我決定幫忙尋找，不知有

多少遍，結果是我在他們的書包裏找回他們的「失物」，有時跌在書包底，有時夾在書本裏，有時放在書包的暗格，有時放在飯袋。

不同版本的結局都讓我們捧腹大笑，我笑他們傻瓜，他們笑自己做了糗事。後來我知道絕對不能盡信他們已在書包及抽屜找過很多遍的話，遇到失物事件首要做的就是展開書包大搜索。若真是遍尋不獲，才進入第二輪行動。

這班可愛的學生們常常在不經意間製造出不少笑料。

我班有一個小傻瓜常常遺失東西，他或他的媽媽常常找我求助，他曾經遺失過毛衣、水樽、課本、功課簿、筆袋等，可謂多不勝數，其中有部分失而復得，當中不乏有趣的情節。

有一次，他要交中文功課給我，我發現他欠交就去找他，他說他遺失了詞語簿，但肯定已經完成。我問他是否不小心跟鄰座的同學交換了，他就一口斷定是，於是我叫鄰座的同學找，卻沒有發現。最後在課後中文及功輔班時，一名三年

級的巴基斯坦女生從書包給我掏出一本詞語簿，姓名欄寫的
居然就是那個小傻瓜的姓名，大概是因為前一天上功輔班時
不小心混入同學的功課堆了吧！花了一天，終於找到了，我
們都鬆了一口氣。

另一次尋找失物記更是峯迴路轉，因為小傻瓜告訴媽媽
他不見了多啦A夢筆袋，所以媽媽便為他準備了一個公主筆
袋暫用，但他在懵然不知的情況下，在班主任課時把公主筆
袋交給班主任，說這不是他的，可能是其他同學的東西。第
二天，他的媽媽來找我，告訴我事情的來龍去脈，於是我又
向小傻瓜的班主任解釋一番，把公主筆袋物歸原主。相信在
小傻瓜心目中，公主筆袋一定是屬於女孩子的物件，才會傻
傻地交給班主任，他實在是太可愛了！

最後，體育老師在六年級的課
室找到小傻瓜的多啦A夢筆袋，又
再物歸原主，箇中的緣由，我們都
無法追究，但拿着失而復得的多啦
A夢筆袋，小傻瓜高興得跳起來。

現在這個可愛的小傻瓜已經升
上三年級，不知有否成長了呢？

經驗
分享

建議提供一些
共用的文具，培育學生
珍惜物件的美德。

3.4

陌生的
圖書館

　　人類面對新環境，少不免會有不習慣和恐懼。即使我是一個成年人，來到這間陌生的學校，也要事事學習，處處注意，更何況是只有六歲甚至未夠六歲的一年級巴基斯坦學生呢！我有時想：廣東話不夠靈光，樣貌與別不同的他們到底有多不適應？有多害怕呢？遇到困難，他們能適當處理嗎？

　　我開始在這間學校任教時已經是十一月，亦即代表開學已經兩個月，相信大部分香港學生都開始慢慢掌握日常的節奏，但我覺得三個巴基斯坦的小一生仍然十分混沌，並經常發生亂子。

　　從圖書館罰款事件中，我看到他們其實並未適應校園生活。放學檢查手冊時，我不時發現遲還圖書以及罰款的通知，看到涉及金錢的，我都特別緊張。我會立即搜索他們書包裹

有沒有相關的圖書，然後叫他們第二天帶罰款回校，又會在
手冊以英文寫下內容提醒家長。

結果三番四次提醒還是不奏效，罰款單再三出現，而且罰款增多了。於是我只好在小息親自到他們的課室帶他們去還書交罰款，但他們有時忘了帶圖書，有時忘了帶金錢，事件不時要拖一星期才處理好。有一次一個學生

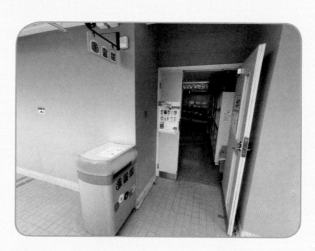

🖤 學校圖書館是我經常帶學生前去的地方之一。

要被罰款二十元，十分誇張，我開玩笑説二十元可以買到你
筆袋裏所有文具了。幸好「經一事，長一智」，遲還書的情
況慢慢有所改善，只會偶爾發生。

不過，除了學生以外，家長也面對大量挑戰，例如電
子通告等，由於學校沒有提供英文版的電子通告，所以拖欠
通告現象十分嚴重，最後班主任或我往往要列印一張實體通
告，將其翻譯成英文，再致電家長才能解決。繳費方面，試

過有不少巴基斯坦學生去完學校旅行或出席完某些活動一段日子，仍然未繳交費用，學校要請家長前來校務處處理電子繳費。

語言不通造成大家溝通出現障礙，但我相信只要學校職員和自己更主動去協調，問題就能解決。更重要的時，隨着學生慢慢長大，認識的中文多了，翻譯溝通的責任就可以交給他們，相信這也是家長們選擇讓子女入讀主流學校的原因之一吧！

經驗
分享

派發通告前最好先把
重點翻譯成英文，方便家長
閱讀，並在有需要時主動
向家長提供協助。

不完美的
感謝卡

　　我的教師桌一直貼有一張有缺憾的感謝卡，它見證着我兩年教學生活的喜怒哀樂，在我沮喪時鼓勵着我，提醒我毋忘初衷。

　　話說在校第一年教學時，我不時會入班支援非華語學生學習中文。某一節中文課，我負責支援一個一年級女生，上課期間看她有點心不在焉，幾次把手放進抽屜想找東西，猜想她大概丟失了東西。

　　課堂完結進入小息，她的中文老師兼班主任突然開口問她：「小利，你不是有東西要送給杜老師嗎？」小利聽到後，害羞地從抽屜拿出一張小小感謝卡，交給了我。她的班主任對我說：「因為她不懂寫你的姓氏，早會時間問了我。」

　　這小小的感謝卡是學校派給學生，讓他們送贈給老師的。想不到，我也會收到珍貴的一張，我如獲至寶地把它放進筆袋，回到我位於校務處的工作室再慢慢細看。內容簡單得很：親愛的杜老師，謝謝您！學生只需填寫老師的名字及下款部分。看到下款時，我發現有錯字，小利居然把她的「利」字寫少了一撇，變成「杊」字。或許是職業病和完美主義發作，我第一時間很想去叫她改正，使感謝卡變得完美。

　　不完美的感謝卡，卻是我最珍愛的小禮物。

　　冷靜下來後，心坎裏不自然地漾着點點感動，或許因為她太專注寫對我的姓名，而忽略了檢查自己的姓名，才會寫錯字。我暗暗決定，下一次做功課時看她有沒有寫錯姓名好了，結果我發現她在平日的功課是寫對的，所以我沒有把她在感謝卡寫錯字的秘密告知她。

　　當時入職只有一個多月的我，意想不到會收到一個學生的心意，即使是美中不足，我仍然覺得感恩，並以此作為一份信物，貼在桌上鞭策自己。

　　兩年來，我收過不少巴基斯坦學生給我的感謝卡，我都珍而重之收好，並認真細讀每字每句。至於那張不完美的感謝卡，將會永遠貼在我的心裏，不會褪色。

在我任教的兩年來，這班學生帶給我不少的感動。

3.6

與別不同的
家長日

　　雖然我不是班主任，但在家長日也需要面見家長，對象當然是校內十名巴基斯坦學生的家長。比起面見一般的香港家長，面見巴基斯坦家長對我來說是一個新挑戰。首先是擔心語言不通，其次是擔心自己對學生了解不足。

　　巴基斯坦學生的家長在面見完班主任後就來面見我，我懷着緊張的心情去迎接他們的到臨，因為我知道這是考驗我的語言能力及隨機應變能力的一天。有好幾個學生叫了自己的姊姊出席，大概是因為她們聽得懂中文，能夠與我溝通。有的家長能說英語，大家尚算能無障礙地交談。有的家長由子女陪同，子女充當即時翻譯員，讓我和家長能夠進行對答。

　　透過與家長交談，我了解到一班巴基斯坦學生在家裏的情況，不少家長都不滿子女花太多時間使用平板電腦，覺得他們

不夠勤力。我也藉此了解他們的作息時間，與兄弟姊妹的相處情況等。言談間，不少家長也透露了在香港生活的感受，有的熱愛香港，認為香港自由開放；有的覺得香港的生活節奏過於急速，造成不少壓力；有的終日為口奔馳，生活忙碌。

　　我們的傾談內容相當國際化，這是我意想不到的，這些交流讓我真實感受到少數族裔生活在香港的境況。不少家長表示課後功輔班能幫助子女完成功課，減輕他們的擔憂，又感謝我的出現讓他們得到支援。得到家長的認同，我真切體會到這份工作意義重大。

　　不知不覺間，我完成了面見十位家長的任務，過程沒有想像般艱難。我跟每位家長都交流了不短的時間，彼此了解更多。在家校合作的前提下，我衷心希望一班巴基斯坦學生能在學校愉快地學習，為將來鋪設一條美麗大道。

♥ 家長的認同，是對我的工作最大的鼓勵。

3.7

逃跑
小威龍

　　在我兩年的教學生涯裏，並不是一帆風順，第一天已經令我不知所措的五年級小伙子，多番做出令人頭痛的行為，而他每次做錯事總會使出必殺技 —— 逃之夭夭。

　　這個小伙子特別固執和自我中心，遇到不喜歡的事或不想見的人就會逃避。小至追收通告，大至被訓導主任罰留堂，他只要一激動就會逃跑，有時躲在桌子下，有時躲到男廁裏，有時逃出校園。兩年間，他逃跑的次數可謂多不勝數。

　　這個小伙子對運動特別熱衷，無論是足球、排球，還是巴基斯坦人最熱愛的板球，他都無一不歡。任何阻止他參與運動的事，他都會作出反抗。每逢星期三，他要先參加中文閱讀班，然後才能出席足球班。不知多少次，他沒有出現在中文閱讀班，而擅自前往足球班，由於是外聘導師任教的

關係，他覺得不會被發現或遭受懲罰。我幾乎每次都要前往校外的足球場探視一番，還要聯合足球班的校內負責老師跟進，以免他為所欲為。

有一次，課後功輔班的負責導師向我報告說小伙子沒有出現，我立即在校內進行宣布，又向他的姊姊和妹妹詢問，但無人知其行蹤。我冷靜下來，想起早上他跟我說想去屯門進行板球訓練，我沒有批准他的要求，大概他是偷走前往訓練地點。可是，我沒有板球訓練的資料，小伙子也沒有手提電話，我只能致電通知家長，而家長的電話卻接不通，我只好在留言信箱留言。我和負責導師都極度擔心，擔心他在路上的安全，擔心他沒有前往訓練。到晚上七時，小伙子的父親終於回覆我兒子平安回家了，並道歉說不好意思，還說會好好教導兒子。

收到消息後，我終於能夠鬆一口氣，因為他平安無事回家了。第二天，他居然主動在早會時間主動前來找我，我一見到他就連珠炮發地說教，心情既憤怒又激動。

我對他說：「你知不知你的任性造成多少人的擔心，你的爸爸、你的姊姊、你的妹妹、我、教學助理潘老師、課後班導師，六個人都擔心你的安全。你的一個行為會影響到其

他人，如果你真的發生什麼意外，老師更可能會被控告。」
他聽完帶點羞愧，然後默默離開了。

　　雖然這件事好像令他有所反思，但往後還是發生了一連
串逃跑事件。幸好我的教學助理視他如兒子，和他建立了互
信的關係，很多時待他冷靜後會跟他分析和解釋，使他明白
自己的過錯。

　　如今他已升讀六年級，不知有否成長和變得成熟一點，
不再經常做逃跑威龍呢？

　　我的教學助理幫我分擔了不少照顧學生的工作。

初嘗點心的
滋味

　　每次為巴基斯坦學生舉辦戶外考察活動，大多只能進行半天，只因安排膳食不是一件易事。如果只安排前往清真餐廳進膳，感覺有點多此一舉，也不能讓他們了解本地的飲食文化。後來，教學助理在網上搜尋到在香港有一間可以讓穆斯林飲茶的餐廳，它位於灣仔的一間清真寺裏。

　　難得搜尋到如此特別的餐廳，我決心要讓一班巴基斯坦學生一嘗港式點心的滋味。剛好，我們和一間支援少數族裔的機構有合作，於是一同籌劃了「香港島交通遊及品嘗點心活動」。

　　由於我校的巴基斯坦學生經濟環境只屬一般，父母未必有機會帶他們遠遊，他們有些甚至連海洋公園也未曾踏足過。因此，我們一班導師決定帶他們到尖沙咀、中環及灣仔，

讓他們走出新界，還會帶他們乘搭渡海小輪和電車，親身感受一下老香港的特色。最後當然是壓軸好戲，首次品嘗點心。

活動當天，我們第一站到達尖沙咀文化中心，一班巴基斯坦學生表現得非常興奮雀躍，急不及待與場外的藝術品拍照留念。他們看到香港太空館的真身，都笑說它真像一個「菠蘿包」。身處海旁，他們一邊吹着海風一邊感受維多利亞港的美麗。

學生到達目的地後心情興奮。

　　然後，我們出發乘搭渡海小輪，導師特地安排他們在自動售票機入錢購票，由於票是一個膠代幣，他們要先在自動售票機付現金，然後等待膠代幣從機器掉出來，購票過程十分有趣，就像到兒童樂園投幣玩小遊戲一樣使人感到興奮。在五至十分鐘的船程裏，他們飽覽到維港兩岸的景色。到達中環後，我們匆匆走過天橋，他們都驚歎於國際金融中心的高聳入雲。我們經過立法會大樓後，就乘電車到灣仔杜老誌道，沿途他們都好奇地看着窗外風景，我不時提醒他們不要把頭伸出車外。

　　接着，終於抵達大家最期待的目的地 ── 可供穆斯林飲茶的餐廳了。這是香港唯一可以享用清真點心的餐廳，全場已經座無虛席。我們一行人分成兩圍坐好，先由導師去取點心，然後一同享用。面對陌生的飲食環境及眼前的筷子，學生們都有所困惑。在我們簡單指導下，他們努力地嘗試拿起筷子吃點心。我們叫了一桌子的點心，有蝦餃、燒賣、鳳爪、春卷、牛肉球、馬拉糕等，燒賣極受歡迎，一開始就被搶光了。看到他們不但毫不抗拒地嘗試不同的點

先來喝杯茶。

心，而且吃得津津有味，不禁覺得十分感恩。我喜見他們終於有機會品嘗如此美味的點心，品嘗到香港人的口味。

後來，我帶其中一桌的學生去揀選喜愛的點心，他們都毫不客氣地抓緊機會選出想品嘗的點心。而另外一桌的學生則在等待春卷，餐廳職員多次前來告知他們快炸好了，快炸好了，幸好他們最後也品嘗到。突然，餐廳響起一段音樂，一班巴基斯坦女學生立即緊張地拿起頭巾包着頭，我不明所以，後來詢問她們，她們才說這是準備禮拜的音樂，我還是第一次體會到伊斯蘭教的儀式，那天真是一個文化交流日呢！

學生們都震驚於春卷的美味。

　　回程時，大家的肚皮都相當滿足，看來他們都十分喜愛港式點心。回校後，我們進行了一個正式投票，選出大家最喜愛的點心，結果燒賣和春卷獲得相同票數，奪得雙冠軍。往後的日子，他們都對點心念念不忘。點心不愧為香港出色的美食，擁有讓人一試難忘的魅力。

經驗
分享

　　提醒學生不要胡亂進食坊間的點心，強調只有個別餐廳的飲茶服務才符合穆斯林的飲食標準。

3.9

水痘驚魂

生活在成人世界太久，我已忘了有水痘這個高傳染性的疾病。中學時期，母親見我久久未出水痘，於是帶我到私家診所接種水痘疫苗，我對水痘的印象一直停留在中學階段。

即使加入了小學教師的行列，我對此也沒有任何警覺性，第一年的教學也風平浪靜，沒有聽過學生感染水痘。可是，到了第二年，大約十一至十二月，學校公布校內出現零星感染個案。後來，我負責任教的二年級中文加輔班也有本地學生感染水痘，由於那個學生患病後沒有立即請假休息，結果傳染了旁邊的兩個同學，其中一個是二年級的巴基斯坦女生。

這三個學生，分別都請假一至兩星期，影響了學習進度。由於水痘是由水痘帶狀疱疹病毒引起的極高傳染性傳染

病，可透過患者散播在空氣中的呼吸道飛沫或接觸水泡液而傳播。因此，如發現學生有疑似病徵，最好帶他們量度體溫。如證實學生染上水痘，要立即進行隔離，着其戴上口罩，並適當分隔學生，預留空間和距離。

病毒在校內蔓延，引起了小型爆發，部分班別情況較為嚴重，校內老師也有三名受到感染。成年人感染水痘，可能較為嚴重及有機會出現併發症，包括皮膚發炎、腦膜炎、腦炎等。而孕婦如果在懷孕初期感染水痘，可能導致胎兒有先天性的缺陷。即使曾注射疫苗的人，也會出現病徵。因此，水痘病毒是不容輕視的。

校長為此召開緊急會議，她也詢問了我有關非華語學生方面的情況及跟進事項，我便向她匯報。有見情況嚴重，我已在衛生署網頁下載了有關水痘病毒的巴基斯坦文版及英文版小冊子，派給學生，叫他們拿給父母閱讀，以提高警覺。另外，我安排課後中文及功輔班的學生戴上口罩及分開就座，以減低感染機會。雖然學校有專用的流動程式發布信息，但是巴基斯坦家長不明白中文，所以我必須用我的方法處理，這考驗了我的應變能力，也提醒我要加強危機感。

對於學生，我們要冷靜去應對和交代，以免造成恐慌。一個可愛的小二巴基斯坦男生聽到學校有學生感染水痘，居

然去了校務處說懷疑自己患上水痘。校務處的書記找我求助，小男生說他腳上有紅點，我着他拿起褲腳讓我檢查，結果發現只是受傷後的結痂情況。為確認他的情況，我致電家長查詢，家長說他小時候已出過水痘，所以不用擔心。

事後我翻查資料，發現水痘疫苗已於二零一四年納入「香港兒童免疫接種計劃」（免疫計劃），凡於二零一三年一月一日或以後出生的兒童均合資格於衞生署母嬰健康院接種。因此，二零一三年前出生的學生，是患水痘的高風險一族。

後來，課後中文及功輔班的一名小一巴基斯坦男生還是不幸被傳染而患上水痘，由於恰巧是評估期間，他錯失了評估和補考的機會，顯得有點失落和傷心。家長說他在家裏百無聊賴，可是又不能上學，感到十分無奈。

這一段水痘驚魂讓我上了重要的一課，擔任教師這個角色，不單要具敏銳的觀察力，還要擁有非一般的應變能力。

希望所有學生都健康快樂地成長。

神秘的
長老

　　不知是否只是我個人的想法，我一直覺得印度及巴基斯坦的公公伯伯都充滿着神秘的感覺。或許是因為他們大多留有長長的白鬍子，又身穿長袍，讓我感覺他們是神秘的長老，令我心生畏懼，每次碰見都會加快步履，匆匆走過。

　　偏偏我成為非華語學生的統籌老師後，經常會碰見一個長老級家長。他是我校兩位非華語女學生的爺爺及外公，年紀應該已過七十，經常會前來接孫女放學。一大段日子，我都刻意保持距離，敬而遠之。我總覺得他只會說家鄉話烏都語，擔心大家溝通不來。不過在兩個孫女心目中，他應該是慈祥的爺爺。這位長老經常自製茶點，在學校門外小花圃的座位上把茶點分給孫女吃。有一次他的小孫女悄悄告訴我，今天是爺爺來接她，所以萬分期待。結果，放學後出現的竟然是她的母親，她激動得邊哭邊向媽媽發起脾氣來，相信她一定很喜歡爺爺。

後來，因為一些事情，我終於有機會和這位長老面對面交談，想不到他一開口說的居然是廣東話，後來他轉用英文，原來他的英文十分流利。我主要用英文跟他說明解釋，踏出溝通的第一步後，我發現其實這個長老跟一般老人家沒有分別，看得出他十分疼愛家人和孫女。

其後，有一次他主動前來學校，我找來主任及社工一起進行會面。爺爺說到家中一些情況時，突然感慨地流下男兒淚，我們都不知所措，我能做的只是給他遞上一張紙巾。這一串眼淚或許都流進了我們心坎裏，大家的眼神都充滿同情，很想全力去幫助他們。看到情緒低落和多天失眠的他，

我擔心會影響到他的精神和健康，於是鼓起勇氣對他說：「不用過於擔心，我們會尊重你的選擇，身體要緊。」

自此以後，我不再害怕跟爺爺相處，更加經常主動和他打招呼，人與人之間關係的建立，的確要透過實際的相處。相反，先入為主的觀念往往是一道無形的牆壁，阻礙你的前進。

與「長老」的真實相處，提醒了我勿以貌取人。

門外的
敲門聲

　　在〈一對一的因材施教〉一文中，我提到我專門負責教授一個二年級的巴基斯坦女生中文，在長久的相處裏，彼此慢慢建立了亦師亦友的關係。不知從何開始，我的工作室門外經常傳來她的敲門聲。

　　由於是一對一的支援，而且每天都有中文課，師生情誼建立得特別快，自己慢慢成為被信任及可依靠的對象。因為我的工作位置不在教員室而在校務處的關係，學生較容易找到我。起初，那個二年級的小妮子偶爾會在小息時間前來校務處，用焦急的方式敲門，説要找我。基於禮貌問題，我往往要她重複用禮貌的敲門方式才會和她對談。

　　後來，我發覺她來找我的次數越見頻密，於是告訴她：「老師不是朋友，所以你沒必要每個小息都來找我分享，你

應該找你的朋友傾談。當然如果你有問題，是可以來請教老師的。」雖然這番話看似冷漠，但是我希望她分清楚朋友與老師的分別，享受與同學相處的時光。

上述提醒奏效了一陣子，但過了一段時間，小妮子連早會時段也來找我。小妮子的說話內容十分有趣，有一天她穿了一身傳統服裝，於是敲門前來問我：「我今天是不是特別漂亮？我的衣服和頭巾好看嗎？」我笑着讚美她一番，然後她高興地跑走了。

在往後的日子，她幾乎每天都前來找我，就連校務處的同事一聽門外的敲門聲，就知道是她到訪了。她們有時會說：「你的乾女兒又來請安了。」有時，當我忙到抽不了身時，還是忍不住拒絕她：「你沒有問題的話還是不要來找老師。」結果她通常會立刻搬出一些無聊的問題來問我，例如什麼時間放長假、今天有什麼功課等等。如果某一天聽不到門外的敲門聲，就代表她那天缺席，遇到這些日子，我居然莫名其妙地感到有點不自在，有點不習慣。

　　或許關係是相互的，在日積月累的相處中，大家建立了深厚的感情。孩子需要被愛和安全感，所以傾向信任老師，我選擇以較大的耐心去應對，希望她遇到困難時有求助的途徑和支援的對象，有人會時常為她打開一扇門。

💗 學生在我離職後，在新學年的功課給我寫了一封貼心的信。

3.12

最佳
進步獎

　　我校在每年下學期的學業成績頒獎典禮中，都會頒發最佳進步獎，以鼓勵一班學業成績獲得進步的學生。這個獎項每級設三名，是以學生上下學期的評估成績作比較計算，頒發予成績突飛猛進的三名學生。

　　中學時期，我也曾在母校拿過多次飛躍進步獎，至今仍歷歷在目。那些年的我，經過個人努力，成績有所進步而得到認同，自信心也同時增強了不少。因此，我一直認為這個獎項意義重大，而且是每一個學生都有機會爭取，並不是遙不可及的東西。

　　第一年任教非華語學生，主要是以一對一方式教授一名二年級巴基斯坦學生中文。那一年，她在學期末獲得了最佳進步獎，是二年級學生中進步最多的，進步比率為百分之

四十。得知消息的那一刻，我雀躍萬分，內心澎湃，我的教學方式算作成功令一個學生進步，而且明顯提高了她的中文水平。最開心的是她本人，她對自己的進步感到難以置信，不過我相信這份鼓勵會推動她未來繼續努力。

第二年我主力任教兩個年級的中文加輔班，在學期末，其中兩個巴基斯坦學生一同拿到了最佳進步獎。這次，感到興奮的不止是我，還包括任教他們數學加輔班的主任。我們默默耕耘了一整年，最高興的莫過於看到學生的進步。他們的進步為我們注下一支強心針，讓我們在教學道路上繼續滿懷衝勁和盼望。

在頒獎典禮上，其中一名獲獎的巴基斯坦學生家長有親自到場，一同見證這個重要時刻。我為家長拍下領獎的合照，看到家長與學生滿臉笑容，覺得他們的辛勞終獲得回報。後來，我也主動要求跟得獎學生合照，希望可以留作紀念，讓這歡樂時光定格。

💜 學生的進步，是我最大的安慰。

獲得進步是值得嘉許的，因為大家必定全力付出過，犧牲過娛樂

和休息的時間，但更重要的是，我希望他們不要驕傲，不要為了得到一點小成績就變得怠惰。相反，我希望他們不忘這種認真的學習態度，更祝福他們尋找到適合自己的學習方法，令學業更上一層樓。

❤ 快畢業的她已經長得比老師高。

經驗
分享

不忘在學習過程中加入大大小小的進步獎，對非華語學生來說是重要的鼓勵和動力。

心動的
餞別禮物

二零一八年的夏季，是離別的季節。在完成暑假最後的職務後，我就要離開這間學校，告別一班巴基斯坦學生。臨別依依，種種不捨之情湧上心頭，此時我收到好同事的一份餞別禮別。她把我們一班同事的相處片段及一眾巴基斯坦學生的照片製作成一張精美的心意卡，送給我作留念。這份世上獨有的餞別禮物對我來說是最寶貴的，它可以永久保存我這兩年來的教學回憶。

受到這份餞別禮物的啟發，我決定也要為每一名巴基斯坦學生製作一份獨一無二的餞別禮物。兩年來的教學生活中，我為他們拍過不少照片，我利用這些照片製作每人一張心意卡，再加上臨別贈言送給他們。我希望他們可以記得這兩年的校園回憶，更希望他們永遠記得我和一班支援過他們的職工同事。

製作這個小手工並不簡單，而且相當耗時，在製作每張心意卡前，我要先在一大堆照片中精挑細選，然後進行簡單排版，列印出來後逐一寫上臨別贈言，最後還要進行過膠。雖然我花了兩天才能完成，但卻樂在其中。

最後的餞別禮物：一人一張心意卡。

在暑期功輔班的最後一天，我為他們舉辦了小型派對，教學助理也特地前來參與。下課前，我給他們送上心意卡，他們收到後邊看照片邊露出微笑，感覺大家都在一同回憶美好的時光。有點遺憾的是，其中幾名巴基斯坦學生因為回鄉探親的關係，未能出席，我不能親自把禮物送給他們。與學生拍照留念後，我目送他們離開。

🩷 臨別的派對

　　怎料，經常敲門來找我的巴基斯坦女生叫我和教學助理不要離開學校，說她有禮物送給我們，她說她已叫媽媽準備禮物，而媽媽還未到達學校，所以讓我們等一下。結果，她的媽媽忘了為她準備禮物，她感到晴天霹靂，萬分焦急地對我們說：「你們真的不要走，不要走……要等我，我立即去買禮物給你們，你們不要走……」我說：「不要緊，沒有禮物也沒關係，你的心意我們都感受到了。」可是她相當堅持，還跑去買禮物。她焦急的語氣和說話震撼了我們的內心，那份感動非筆墨所能形容，那份不捨之情越來越強烈。

最後，她喘着氣把兩份包裝精美的小禮物交給了我們，花紙上各自寫上我們的名字，她補充了一句：「這份禮物是我挑選的，你們一定會喜歡的，你們兩個人的禮物是一樣的。」說完，她彷彿完成了一項人生的重大任務，安心地離開學校了。

我和教學助理打開花紙，看到一隻不斷在揮手的招財貓，感動得熱淚盈眶。這隻招財貓蘊含着她對我們的感謝、不捨和思念。如今，我把它放在我的書桌上，永遠揮動的貓手提醒着我，學生對我的濃情厚意，給予我努力前進的動力。

至今仍鼓勵着我的招財貓。

當天我離校時，居然碰到沒有出席功輔班的兩名巴基斯坦女生，原來她們已經回港，我跟她們談了一會，交代了心意卡的事情，又提醒她們要完成暑期作業，最後來個正式告別。我十分慶幸最後能夠跟所有巴基斯坦學生親自告別，希望他們都能看懂我送給他們的臨別贈言。

我的十個
巴基斯坦孩子

　　班主任經常會稱自己班的學生為「我班仔女」，感覺就像是他們在學校的母親一樣。正正因為身分如母親，班主任的責任重大，要管好學生的一切事務。

　　雖然這兩年我沒有擔任班主任，但是卻有着同樣的責任及義務。身為非華語學生的統籌老師，我就如他們的班主任，更慢慢感覺自己彷彿成為學校的「巴基斯坦之母」。在周會進行時，我的視線會不自覺地搜索他們每一個的蹤影，看看他們有沒有投入其中。在代課時，如果被安排到有非華語學生的班別，我會特別興奮。在逛超級市場時，我會留意有清真標誌的食物，買下來獎勵他們。在課後班，我每天都打仗般協助他們完成功課。在公園，我偶爾會看到他們和弟妹跑來跟我打招呼。數之不盡的點點滴滴，漸漸讓我感覺自己變成了「巴基斯坦之母」。

上完功輔班，可以開心放暑假了！

同事如遇上任何有關巴基斯坦學生的疑問，都會主動來找我。在學期初的校務會議上，校長安排我向同事簡單交代一下非華語學生的飲食習慣和需要注意的事項。非華語學生家長遇到問題時，又會主動向我求助，每年兩次的家長會，我也會以統籌老師的身分會見他們。

不論是學生、同事還是家長，都讓我強烈地意識到自己的身分——「巴基斯坦之母」。反之，我也感受到學生的關愛，他們在作文中感謝過我，送過我敬師卡，畫過圖畫送給我。一個三年級的巴基斯坦女生在開聖誕聯歡會時，特地為我留下最後一塊麥樂雞，親自送到校務處給我吃。當然還有最具分量的餞別禮物揮手招財貓，這些看似微小的關愛全都給我注入無窮的力量，推動我不斷前進。

因為一些私人理由，我要卸任「巴基斯坦之母」一職。在此，我要感謝一班巴基斯坦學生兩年來帶給我的感動、衝

擊和挑戰。他們讓我切切實實認識了一個民族、一個宗教，更讓我體會到獨特的師生情誼。他們每一個都值得被關注、被愛護。作為母親，當然是養兒一百歲，長憂九十九。我最希望的是他們能擁有健康的身體、足夠的休息和正面的思想，再者當然要努力學好中文，追求學問。

最後，我有兩個願望，第一個是希望在有生之年，可以到巴基斯坦旅遊，親身體驗當地的風俗文化；第二個是如果這本書有幸出版，我希望有朝一日，我的十個孩子能夠讀懂全書內容。

❤ 巴基斯坦聖誕派對

後記

二零一九年五月回校探望一直掛念的學生們。

　　前文〈印巴衝突〉中提到新學年本校將會迎來第一位印度學生，不知不覺，她入讀本校已經大半年了，到底她和一班巴基斯坦學生譜寫出什麼故事呢？且看現職本校的施老師執筆的〈唯一的印度女學生〉。在本書出版前，我特地回校探望一班非華語學生，親眼看見他們長大長高了，中文成績又有所進步，學習態度認真，校園生活和課外活動也豐富多彩，實在是大感安慰，內心相當激動和感動。期待新書出版後，給他們每人送上一本，鼓勵他們學好中文。

　　閱畢此書的您相信對巴基斯坦人有了更深入的認識，但其實香港還住了不少印度人和尼泊爾人，在「實用資訊」中，特別附上「香港少數族裔比較表」，希望讓大家更了解少數族裔在港的情況。

　　最後，再次感激新雅文化事業有限公司給予出版機會，成就我的夢想，也要感謝每一位購買或閱讀本書的您，下一次有機會遇到這班近在眼前的少數族裔時，不妨和他們聊聊天，你就能以第一身體驗去感受他們，只要你願意，你也可以成為推動社會共融的一分子。

唯一的印度女學生

施楚琪

　　小妮是二零一八至一九年度入讀我校的一名小一女生，她是全校唯一的印度籍學生，亦是我主要負責教導的非華語學生之一。新學年開始，杜老師已經離職，我相當慶幸能夠成為她的老師，見證她的成長。記得去年的小一註冊日，正正是我協助她父親辦理入學手續。小妮爸爸禮貌周周，言行舉止斯文，而且非常耐心地聆聽我的英文指示，並多次道謝。可能受到其父親的影響，小妮亦很有禮貌。開學之初，她每進入課室，已經懂得叩門說：「老師，我回來了。」直至現在，她見到任何老師，即使並非科任老師，也會面露笑容打招呼。

　　她的日常習慣與巴基斯坦籍學生相似，但不會戴頭巾示人。在飲食習慣方面，因她信奉印度教不能吃牛肉，但能吃巴籍學生不能吃的豬肉。印度食物多以濃味為主，例如：印度薄餅配咖喱、咖喱炒飯等，分量和營養都頗豐富。相反，巴籍學生的飯盒多以豆泥和肉卷為主，所以有時會嚷着肚餓。記得有一次，我教導她「分享」這個詞語，想舉例說明時，她就搶答：「我知道……我知道……就像我在小息時經常『分享』水果給小德（同班巴籍學生），他很喜歡吃東西呢！」她邊說邊呵呵笑。

　　我笑着點點頭，除了示意她意思正確外，還對他們相處融洽感到欣慰。回想過去的半個學期，小妮由最初的害羞慢慢成長和改變，漸漸與其他同學有說有笑，後來更成為我的翻譯好幫手。記得有一次，小德聽不懂我的廣東話，當我正煩惱之際，小妮說：「老師，我幫你

翻譯吧，我用巴基斯坦語跟他解釋。」她堅定地點點頭，向我表明她能做到。我疑惑地説：「你是印度人，懂巴基斯坦語嗎？」

之後，她用一口流利的方言為我解決了語言不通的問題，令我大吃一驚。後來我才知道原來巴基斯坦的烏都語和印度的印地語很相近，讀音基本沒有大分別，難怪平日看到小妮的媽媽與其他巴籍媽媽能夠閒話家常。

小妮的廣東話亦不斷在進步，開始會滔滔不絕分享生活趣事，更能活用我教過她的詞彙，例如我教過她「散步」一詞，她不久後跟我分享説：「昨天，我和媽媽姊姊吃完飯，去公園『散步』時見到一條好長好長的動物，我好害怕，之後⋯⋯我們就很快走開了！」每當聽到她活學活用中文，我都感到特別安慰。

我很喜歡她，不僅因她有禮貌，更因她的用心好學。她相當努力學習中文，又會主動發問，並且經常會在課外書尋找學過的詞語，如像玩尋寶遊戲一樣，中文科成績更是眾多科目中最好的。

與一般巴基斯坦學生不同，她的家原來有聘用同鄉當傭人，我得知時頗為驚訝，幸好她沒有被寵壞成小公主，反而是個很友善溫柔的小孩。她嘴邊經常帶着「謝謝」、「讓我幫你」等的字句，令人人都喜愛她，自然地融入巴基斯坦學生圈。他們互相學習，高年級的巴籍學生會教導她做功課，她亦會畫畫送給哥哥姐姐，以作道謝，畫作旁邊更會用有限的中文寫上打氣語句，如：「小文姐姐要努力學習和打球。」即使不盡完美，卻滲出互助互愛的情感。

可是，最近我發現他們之間的友誼或會受到動搖，不是因為小朋

友間的簡單爭執，而是牽涉到兩個國家的矛盾。

「老師，你喜歡巴基斯坦人還是印度人？」某一天放學，其他學生都匆匆離開趕着去做禮拜，唯這位向來天真的巴籍男學生小拿滿臉心事，認真地向我提出了這條問題。

「兩個國家我也不特別喜歡，也説不上是討厭，所以沒有偏向喜歡哪個國家的人。」他對我這個答案沒有駁斥，眼神由堅定變為閃避，説了一句：「我很不喜歡印度人。」

對於他這句話，我感到很震驚。「那你豈不是很討厭小妮，她也是印度人啊！」他不好意思地點點頭，給了我最不想聽到的答覆，並説：「昨天，巴基斯坦又捉拿了一個印度人，因為他們不尊重巴基斯坦！」我已無心聽他説下去，下意識中斷了他的「愛國言論」。

「小妮同學既可愛又有禮貌，你不應該因她的國籍而不喜歡她啊！她無法選擇自己的國籍，就像你也無法控制自己是巴基斯坦人一樣。」他的表情似懂非懂。

這天之後，我再沒有與他議論下去，幸好他與小妮如平日般嘻嘻哈哈，似乎沒有任何隔閡。看着他們天真爛漫、與世無爭的模樣，覺得印巴民族間的紛爭矛盾彷彿不存在似的，在我眼前感受到的就只有戰火也摧毀不了的純真感情。

民族歷史及紛爭我們未必理解，亦無法控制。可是今天兩國學生的嘻嘻哈哈，日積月累的相處是最為真實及無法取代的。我默默盼望在這所學校成長、在香港生活的他們，能夠一直懷着善良無私的心，即使長大成人後，都一樣記得無分種族國界，好好去分享愛。

實用資訊

非華語小學生
讀寫聽說教學經驗整合表

　　由於非華語學生來港時間及能力均有不同，故此表格沒有採用年級製而採用階段製，老師可用作參考，並按需要作出調適。

第一階段

閱讀	**筆順原則、漢字結構、詞語理解、短文理解** 1. 運用圖畫講解詞語意思。 2. 筆順教學，每筆每畫去示範。 3. 於伴讀計劃提供點讀筆閱讀有聲圖書。 4. 利用動作教學增強學生對課文的認識和印象。 5. 提供點讀筆和製作點讀筆記，協助學生溫習默書。
寫作	**句子填空、句子仿作、重組句子** 1. 將句子中難懂的詞語畫圖或找圖片解釋。 2. 每句句式至少用兩至三個例子說明。 3. 詳細講解不同句式的要求及做法。 4. 抽離教學時運用小白板去講解，提升學生的學習興趣。
聆聽	**掌握詞語及短句的意思** 1. 多使用圖畫題，可以測試學生真正的聆聽能力。 2. 利用投影機進行簡單的繪本分享，讓學生回答問題。
說話	**粵語發音、生活基本用語** 1. 採用重複式的說話學習模式。 2. 糾正學生錯誤發音。 3. 製作生活基本用語冊，讓學生恆常練習。

第二階段

閱讀	**填充、部首、簡單標點符號、故事內容大意、記敘文** 1. 講解詞語時用不同例子去闡述，製作不同的填充題鞏固學生對詞語的理解及運用。 2. 講解部首的意義，活用圖畫或短片講解，並多舉不同例子。 3. 要求學生講出故事道理。 4. 於伴讀計劃提供簡單繪本。
寫作	**擴張句子、續寫句子、看圖作句、段落寫作** 1. 教授擴張句子的做法，由淺入深，多用類似的句子練習。 2. 提供簡單的圖畫及大量的詞語提示，供學生看圖作句。 3. 利用範文講解文章段落寫作，只要求學生完成其中一段。
聆聽	**掌握長句的意思** 1. 老師進行模擬角色扮演，學生聆聽後作出適切的回答。 2. 老師透過看圖說故事，刻意講錯一些重點，着學生舉手糾正。
說話	**朗讀短句／短文、書面語與口語分別** 1. 訓練學生熟讀默書範圍的課文部分。 2. 製作書面語與口語詞語冊，讓學生多朗讀。 3. 着學生製作小書並匯報。

第三階段

閱讀	**閱讀理解、初階修辭（擬人、比喻等）、進階標點符號、記敍文、說明文** 1. 配合 BCA 題型，多做閱讀理解試題。 2. 逐一講解不同標點符號的用法，溫故知新，提供一句句附方格或括號的練習。 3. 於伴讀計劃提供文字較多的繪本及說明性書本。
寫作	**實用文（書信、邀請卡、賀卡等）、記敍文寫作** 1. 以學生的名字及日常生活作例子教授實用文。 2. 以小測形式讓學生熟記實用文格式。 3. 加強句子結構的訓練，提升學生寫完整句子的能力。 4. 起初的幾次作文以句子填空的形式讓學生完成記敍文。
聆聽	**掌握說話者的語氣、理解話語內容、概括要點** 1. 配合 BCA 題型，多做聆聽試題。 2. 抽出一些形容詞（例如失望、驚訝等）給學生解釋，讓他們掌握不同說話者的語氣。
說話	**看圖說故事、小組交談** 1. 配合 BCA 題型，多做說話試題，抽籤安排每名學生在全班同學面前說故事。 2. 老師和學生一起進行小組交談，即時回饋給予意見。

第四階段

閱讀	**不供詞填充、 閱讀理解、高階修辭（反問、對偶等）、 不同體裁文章** 1. 在堂上進行口頭填充遊戲，老師口頭出題，學生在課文找出適當的詞語作答。 2. 讓學生運用修辭創作句子， 以增強記憶。 3. 運用「時事學中文」 APP ，提升學生的閱讀理解能力及批判思維。 4. 於伴讀計劃提供小說、散文等不同類型的書籍。
寫作	**實用文（便條、日記、周記等）、記敍文、說明文及議論文寫作** 1. 協助學生完成作文大綱，提供較多的參考詞語。 2. 透過真實的情境教授實用文，反覆訓練寫周記。
聆聽	**掌握說話者的動機、 背後信息** 1. 分析說話內容的語氣、用語，訓練學生聽懂背後的意思。 2. 運用聆聽稿，讓學生扮演不同的角色，並進行錄音。
說話	**看圖說故事、 口頭報告、 小組討論** 1. 使用歌詞教學，讓學生用粵語唱出一首完整的兒歌、流行曲等。 2. 每星期加強訓練小組討論，安排不同的組合作練習 。 3. 安排每名學生定期在全班同學面前進行口頭報告。

香港少數族裔比較表

	巴基斯坦人	印度人	尼泊爾人
在港人數 （2016 年政府人口中期統計）	18,094 人	36,462 人	25,472 人
區住地區 （2016 年政府人口中期統計）	主要是葵青區、元朗區及油尖旺區 新界佔 53.2%	主要是油尖旺區、九龍城區及離島區 九龍佔 43.2%	主要是油尖旺區及元朗區 九龍佔 57.2%
語言	烏都語	印地語	尼泊爾語
宗教	主要是信奉伊斯蘭教，其次是印度教、基督教。	主要信奉印度教及錫克教，其次是伊斯蘭教、基督教及佛教。	主要信奉印度教，其次是佛教、伊斯蘭教及基督教。
飲食習慣	伊斯蘭教徒（穆斯林）不吃豬肉、含豬油的食品，只吃經誦阿拉尊名而宰的肉類。	印度教徒大部分是素食者，非素食者亦不吃牛肉。	印度教徒不吃牛肉，有些是素食者。
衣着	女性及男性都有衣着的規範，女性尤要覆蓋全身，在公開場合會帶上面紗。	女性穿的是紗麗（Saries）或洋服。	一般穿洋服，不同氏族有不同的傳統服飾。
溝涌小錦囊	伊斯蘭教徒不能喝酒，不要邀請他們一起把酒談心。	不能胡亂認為他們違規駕駛。由於信奉錫克教的印度人需以頭巾包頭，所以他們只需申請豁免，獲批後可以不戴頭盔駕駛電單車。	不要要求頭戴民族帽子的尼泊爾人脫下帽子或觸碰其帽子，因為這會被視為不禮貌的行為。

參考資料

http://webcontent.hkcss.org.hk/cy/T14.pdf

http://minorities.etvonline.hk/tv/tc/video/landing.html

推薦支援非華語教學的資料庫

行政資料

教師 / 行政人員範疇

教育局 —— 非華語學童教育服務

家長範疇

非華語學生家長手冊（2015年版）[以英文撰寫]

教學資源

現龍計劃 —— 非華語學生中文學習支援計劃

香港大學教育學院中文教育研究中心教學資源

時事學中文 APP（高小至初中程度）

支援機構

香港融樂會

香港聖公會麥理浩夫人中心少數族裔服務部

少數族裔人士支援服務中心

Youtube / 電視節目

少數族裔文化

我家在香港

非華語學生中文學習

卓越教室：一個也不能少

附錄一：「伴讀計劃」默寫紙示例

- 小老師準備默寫紙，讓同學每次默寫三個詞語。
- 進行①讀②默③寫三步曲學習。先教同學讀出詞語，然後叫同學讀出。再請同學寫一次該詞語。當同學熟記詞語後，叫同學默寫出來。

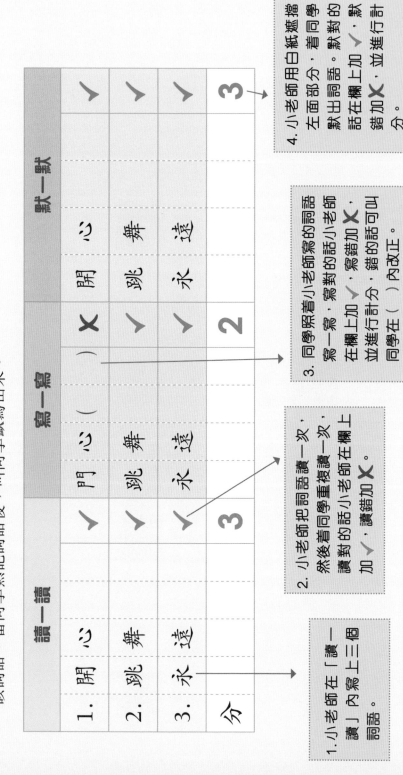

	讀一讀		寫一寫		默一默	
1.	開心	✓	開心（ ）	✗	開心	✓
2.	跳舞	✓	跳舞	✓	跳舞	✓
3.	永遠	✓	永遠	✓	永遠	✓
分		3		2		3

1. 小老師在「讀一讀」內寫上三個詞語。

2. 小老師把詞語讀一次，然後着同學重複讀一次，讀對的話小老師在欄上加✓，讀錯加✗。

3. 同學照着小老師寫的詞語寫一寫，寫對的話小老師在欄上加✓，寫錯加✗，並進行計分，錯的話可叫同學在（ ）內改正。

4. 小老師用白紙遮擋左面部分，着同學默出詞語，默對的話在欄上加✓，默錯加✗，並進行計分。

附錄二：「說話訓練」工作紙示例

透過富有生活感及真實感的日常訓練，讓學生愉快學習。 先着學生按能力完成工作紙，再逐一邀請學生在全班同學面前朗讀宣布，是一個簡單但有趣難忘的學習體驗。

宣布訓練

例子：

低年級適用	高年級適用
請留意宣布， 請 3A 班莎文立即去到一樓校務處。 重複， 請 3A 班莎文立即去到一樓校務處。 宣布完畢。	請留意宣布， 請 4D 班阿力立即去到二樓特別室參加伴讀活動。 重複， 請 4D 班阿力立即去到二樓特別室參加伴讀活動。 宣布完畢。

請填寫以下內容，然後在全班同學面前進行宣布訓練：

請留意宣布，

請＿＿＿＿＿＿＿＿＿＿＿＿＿＿＿＿＿＿＿＿＿

＿＿＿＿＿＿＿＿＿＿＿＿＿＿＿＿＿＿＿＿＿。

重複，

請＿＿＿＿＿＿＿＿＿＿＿＿＿＿＿＿＿＿＿＿＿

＿＿＿＿＿＿＿＿＿＿＿＿＿＿＿＿＿＿＿＿＿。

宣布完畢。

新雅教育系列

十個小孩的老師 —— 與非華語學生的共融校園生活

作　　者：杜穎琴
責任編輯：潘曉華
美術設計：陳雅琳
出　　版：新雅文化事業有限公司
　　　　　香港英皇道 499 號北角工業大廈 18 樓
　　　　　電話：(852) 2138 7998
　　　　　傳真：(852) 2597 4003
　　　　　網址：http://www.sunya.com.hk
　　　　　電郵：marketing@sunya.com.hk
發　　行：香港聯合書刊物流有限公司
　　　　　香港新界大埔汀麗路 36 號中華商務印刷大廈 3 字樓
　　　　　電話：(852) 2150 2100
　　　　　傳真：(852) 2407 3062
　　　　　電郵：info@suplogistics.com.hk
印　　刷：中華商務彩色印刷有限公司
　　　　　香港新界大埔汀麗路 36 號
版　　次：二〇一九年七月初版

鳴謝：

P.6 及 P.56 合照、P.34-35、P.65 恰巴提 (Chapati)、P.78、P.105、
P.118 照片由家長 ANILA 及 CHOUDHRY ALLAH DITTA 提供。
P.7 及 74 手拉手圍繞地球圖、P.64 巴基斯坦米飯、P.65 饢、普拉塔、
P.82 Henna 彩繪、P.88 愛心圖，由 shutterstock 許可授權使用。
P.61 HALAL 標誌由 Halal Certification Service GmbH 提供。